Christine Koch

Ausgewählte Gedichte

Übertragen in
Münsterländer Mundart
von Paul Baumann

Christine Koch

Ausgewählte Gedichte

Übertragen in
Münsterländer Mundart
von Paul Baumann

Herausgegeben in Kooperation mit dem
Christine Koch-Mundartarchiv
am Museum Eslohe

FSC
www.fsc.org
MIX
Papier aus ver-
antwortungsvollen
Quellen
Paper from
responsible sources
FSC® C105338

© 2018

Christine Koch:

Ausgewählte Gedichte.

Übertragen in Münsterländer Mundart
von Paul Baumann

Herausgegeben in Kooperation mit dem
Christine Koch-Mundartarchiv am Museum Eslohe

Redaktion, Satz & Gestaltung: Peter Bürger
(Digitale Erstausgabe:
„daunlots" für www.sauerlandmundart.de)
Herstellung & Verlag: BoD – Books on Demand, Norderstedt
ISBN: 978-3-7528-7978-0

Inhalt

Vorbemerkungen
zu diesem Band

Am 14. Oktober 2017 nahm Paul Baumann aus Greven am Tagesausflug der Augustin Wibbelt-Gesellschaft ins Sauerland teil und zeigte in Schmallenberg-Bracht ein ausgeprägtes Interesse am plattdeutschen Werk der Dichterin Christine Koch (1869-1951). In der Folgezeit begann er, Gedichte der sauerländischen Mundartlyrikerin in seine münsterländische Mundart zu übertragen. Die Ergebnisse dieses Unternehmens werden hier zugänglich gemacht.

Vor allem die zahlreichen Mehrfachselbstlaute der Mundarten des Sauerlandes erschweren Menschen aus anderen Landschaften die Lektüre plattdeutscher Literatur aus dem südlichen Westfalen. Zwischen dem kernmünsterländischen Platt (sogenanntes „Klaiplatt") und der Sprache Christine Kochs gibt es neben den vielen abweichenden Lautungen aber auch zahlreiche weitere Unterschiede hinsichtlich Grammatik und Wortschatz.

Paul Baumann konnte – abgesehen von wenigen Ausnahmen – die sauerländischen Gedichte also nicht einfach Wort für Wort in das Münsterländische Platt übertragen. Vielfach ließ es sich gar nicht umgehen, auf eine Reimform des „Originals" zu verzichten oder den Rhythmus einer Gedichtzeile zu verändern. Ähnliche Probleme der Übertragung wurden nicht nach einem starren Raster gelöst, sondern je nach Textzusammenhang durchaus auf unterschiedliche Weise. An manchen Beispielen zeigt sich bei Paul Baumann eine Tendenz, hochdeutsche Einflüsse in der Sprache Christine Kochs gleichsam rückgängig zu machen.

Das Anliegen ist einfach zu benennen: Die Übertragungen sollen mit Blick auf die Vorlage möglichst getreu sein. Im

Zweifelsfall ist es aber noch wichtiger, dass sie dem Sprach-empfinden des Übersetzers und der kernmünsterländischen Leserschaft entsprechen.

Folgende Gedichteauswahl hat Paul Baumann bei seinem Vorhaben zugrundegelegt: *Christine Koch Lesebuch*. Zusammengestellt und mit einem Nachwort von Peter Bürger. (= Nylands Kleine Westfälische Bibliothek, hg. im Auftrag der Nyland-Stiftung Köln, von Walter Gödden Bd. 65). Bielefeld: Aisthesis Verlag 2017 (ISBN 978-3-8498-1239-3). Wer diesen Band mit heranzieht, findet dort in gleicher Reihenfolge die ursprünglichen Fassungen in sauerländischer Mundart sowie hochdeutsche Übersetzungen (Verstehenshilfen). Eine vergleichende Lektüre erschließt anschaulich sprachliche Unterschiede und Eigentümlichkeiten. Sie ist natürlich für jeden Leser, der Klang und Rhythmus der originalen Dichtungen „ohne Kompromisse" kennenlernen möchte, unerläßlich.

Gustav Merten (1896-1959) hat bereits zur Mitte des letzten Jahrhunderts Gedichte Christine Kochs ins Münsterländische übertragen. Einige wenige, von Werner Göhre vertonte Beispiele wurden zuerst im „Westfälischen Liedblatt Nr. 3" (Münster 1949) veröffentlicht. Merten hat dann in seinem Buch „*Rirrepärlen*" (1951) einen vollständigen Druck seiner Übertragungen angekündigt, der aber wohl nie erschienen ist. Die Sammlung ist im Archiv des Westfälischen Heimatbundes offenbar nicht aufzufinden. Ihr Verbleib konnte bislang nicht ermittelt werden.

Mit dem vorliegenden Band von Paul Baumann liegt jetzt aber eine repräsentative Auswahl von Gedichten Christine Kochs in münsterländischer Übertragung als *Veröffentlichung* vor. Wir dürfen gespannt sein, wie dieses Angebot einer Vermittlung von Texten der bekanntesten sauerländischen Mundartlyrikerin wahrgenommen wird. Auch den „Platt-deutschen" im Sauerland sei das Werk empfohlen.

29. Mai 2018   Peter Bürger

Jugendbildnis Christine Kochs

Einzelveröffentlichungen
zur Mundartlyrik
(1921/1923)

JAGD

Up hauge Eeke dai de Kraih den Hawk besöken.
„Guëdden Aomd! Up 'n Waort: Häs du't al häört?
Muorn is graute Jagd! Ik sin ielig, guëdde Nacht!"

Düör Büske un Baime gaoht sunnerbaore Draime.
Kümp giëgen Muorn de Wind: „Staoht gau up!
Giëft guëtt Acht! Vandag is graute Jagd!"

Sägg de Rehbuck to den Has':
Ik häff Witterung in de Niäs
Van Pulwer un Bli. De Graof is hier.
Giff dat wier 'ne Pracht! Un us gelt'de Jagd!

Met Heißa un Hussa un en graut Hallo
De Graof un sien Suohn un sess Driewers sint dao
Un Lump un Treff un Gekläff un Gebläff.
Ik häff't ju jä säggt: Düt giff 'ne gaaß gefäöhrlicke Jagd!"

Up hauge Eeke döt de Kraih den Hawk wier besöken.
„Guëdden Aomd! Up'n Waort!
Orre häs du't al häört?
De Rehe un Hasen harrn alle fiene Niäsen,
Twee Rüens häbbt se ümbracht
Un en Driewer an't Hinken bracht.
Ao! Wat 'ne schöne Jagd!"

TWIEGESPRÄÖK

All' usse Klocken klinget,
Alle Wellen springet
Up in düsse Nacht.
Alle Saiten swinget,
Nie Leeder singet
Hell düör de Nacht.

Buten rüüsket de Baime,
Wecket heemlicke Draime
Up in düsse Nacht.
Güll'ne Wolkensaime
Spiëlt düör usse Draime
In düss' wunnerlicke Nacht.

Twee sint Küënigskinner,
Dücht sik niks geringer
In düsse Nacht.
Laot't en fien Verstaohn
Van Siäl' to Siäle gaohn,
Wäert riek in düsse Nacht.

WAIGENLEED

Hilleken, stilleken, Aigeskes to!
Vader hööd't buten de bunte Koh.
Gaiht et in'n Stall gliek dann stripp, strapp, strull,
Krigg usse Kind auk sien Pülleken vull.

Slaop fien, mien Schäöpken, ik decke di to.
Kinner, de slaopet, wäert graut un klook,
Draimet van wat Schönes, häbbt kinne Naut,
Fiärwet de Bäckskes sik rausenraut.

Äppelken, Päppelken, Kind, slaop in!
Jesus in't Hiärtken, Maria in'n Sinn.
Engelkes hollt an't Berre Wacht –
Slaop, mien Kind! Guëdde Nacht! Guëdde Nacht!

Das Elternhaus von Christine Koch in Herhagen (oben);
kolorierte Postkarte des Lebensortes Bracht (unten).

Aus
„Wille Räosen"
(1924)

Wao de dicken Eeken staoht,
Hawk un Uulen jagen gaoht,
Staiht mien Ellernhuus.
Wao de klaore Henne flütt,
Wao m' den „Güllen Struuk" auk süht,
Plückt ik mi düssen Struuß.

Wao twee Linnen hollet Wacht,
Wao m' et nömmet „Up ter Bracht",
Sin ik nu to Huus
In 'ne Feldmark wiet un breet,
Wao de hauge „Klaibiärg" staiht,
Woss de twedde Struuß.

Hier en Blöömken, dao en Blatt,
Giën en Spierken an't Müëhlenrad,
Haid un Braom, Dissel un Däörn
Sint vull Leeder, de vergiätten wäörn.
Huus un Hüer, Busk un Baim
Driägt up'n Kopp 'ne güll'ne Kraun,
Häbbt en heemlick Slott an'n Mund
Sundagskinner häbbt den Slüëddelbund,
Sundagskinner gaoht fri runner un rup,
Liäset de Leeder van de Äere up.
Heem, laiwe Heem, so wiältenfärn,
Well sall bi di nich singen läehrn!

WILLE RAUSEN

En Slott vull Prinzeßkes,
Un dat Slott, dat is graut,
Un all de jungen Damen,
De kleedt sik in Raut.

Un se danzet met'n Wind,
Un se spaigelt sik in'n Dau,
Un de Summervüegel un de Hummeln
Roopt se „Gnäödige Frau".

Un bi Dage de Sunne
Un de Maon bi Nacht
De küent sik nich satt saihn
An de rosaraude Pracht.

En Volk van Muskanten
Häff de Summerwuëhnung hier;
Se flaitet un singet
Un't Kunzert, dat is fri.

Wille Rausen an de Hiëge,
Prinzeßkes in't Slott,
Häbbt scharp, scharpe Däörns –
Un bi aals is wat.

SWALWEN

Usse Swilwen, usse Swalwen
Wäörn lang, lange futt;
Se fluogen, se trocken
Äs bruun wuor de Nuëtt.
Se snickeleern, se snackeleern
Aals kunterbunt düörneen.
Se quinkeleern, se quackeleern,
Eene lachede, eene green.

Usse Swilwen, usse Swalwen
Sint alle wier dao.
Se kieket un schruppet
Iähr Diälennöst nao;
Se flicket un stoppet,
Sint Brüüm un Bruut,
Se picket un kloppet
Een Lüning deruut.
Widdewit, Widdewit, Fröhjaohr!
De Kalenner stemmt up een Haor!

RIÄNGEN

Riängen dao buten!
Un de Riängen, de singet.
He kloppt an de Ruten,
Of he Inlaot finnet:

Iärst fien un sacht
Äs'n arig Kind.
Dann röpp he: „Wocht!
Ik haal mi den Wind!"

Nu gaiht et kopphaister
Van'n Hiëmel nao Äern,
De hellsken Gaister
Küent et Danzen läehrn.

De Wind höllt de Swiëp,
De Riängen krigg Hänne,
Boll häff he't in'n Griëp:
Klitsk klatsk an de Wänne,

Klitsk klatsk in't Gesicht,
Of Häer orre Knecht,
Den lossen Wicht
Is aals rächt.

Klitsk klatsk 'ne gaaße Stunne.
Wat en schönen Gesang!
Ächter de Wolken de Sunne
De lachet sik krank.

DAT KRANKE KIND

Wehe, Windken, wehe!
Naihe, Moder, naihe!
Kindken is so möe un krank,
Ligg in Küssens up de Uombank,
Magg nich Miälk, nich Stutenbraut,
Bäckskes glaihet füerraut.
   Arme, arme Moder!

Spitze un siedene Bänner
Gliedt düör biëwrige Hänne.
Linnen, witt un blank äs Snee,
– Sölwer bleikt in'n lesten Mai. –
Hiëmdken wät so fien, so lank,
Kindken is jä stiärwenskrank!
   Arme, arme Moder!

AOWER DAT ACHTE IS DAUT

Siëwen hungrige Kinner,
Kleen, klenner, an'n klennsten,
Fien, fiener, an'n fiensten,
Sitt't bi'n Meddagsdisk.
Brengt de Moder Braut un Fisk,
Nimp dat kleenste up'n Schaut
Un grinnt: „Jau, ji wäert alle graut,
Aower dat achte is daut,
Un dat was no viël fiener!"

DUORPKIND

Wann de Summervüegel flaiget,
    wann de Flaitepiepen gaoht,
Wann de Swattdäörnhiëgen in Blomen staoht,
Wann de Biäkensapp smäck äs Tokaierwien,
Wu schön is et dann, en Duorpkind te sien.

Wann wi Bickbiärn söket, wann wi föehrt in't Hai,
Wann wi Roggen haalt of höödt de Kaih,
Nao de Kiärmess gaoht, blink blank un fien:
Wu schön is et dann, en Duorpkind te sien.

Wann de Appeln, wann de Biärnen,
    wann de Prumen riepe sint,
Wann de Eekeln un de Bookeckern schüëdelt de Wind,
An de Gaornwand glaihet de wille Wien,
Wu schön is et dann, en Duorpkind te sien.

Wann de Iestappen hanget un de Slinnerbahn gaiht,
Wann vüör alle Hüüs en Sneekärl staiht,
Wann de Äppelkes slaopet in Moders Schapp:
Wu schön is et dann, en Duorpkind te sien.

Wilde Rosen (Fotos: Rudolf Franzen)

RAUSENTIET

Wann jerre Nacht
Nie Rausenpracht
An de Hiëgen, an de Tüne smitt,
Wann de Blomenrüëk
Üöwersatt de Lucht,
Hiëgenrausenblar in't Water gliedt:

Maak up, mien Hiärt, di wiet,
Nu is Rausentiet,
Drink di satt an Lust un Sunnenschien!
Moss dat rächt verstaohn,
Lanksam naiger gaohn.
Rausenknoppen, de willt bruoken sien.

SUNNDAGSLÜDEN

Hill'ge Ruh in Feld un Busk.
Sunndag will nu kuëmen boll,
Schicket sine Buoden vüör,
Gaiht in't Duorpe hän un hiär,
Klemmt an Klockenseel harup,
Smitt di den Olldagshoot van'n Kopp,
Lockt di up de Fieraomdbank,
De Wiärke was jä swaor un lank:
– Bum bam, bum bam –
Maak di fien un kuëme dann!
Sett den Wiärkeldag bisiet,
Maak dien Hiärte uopen wiet:
Bimbam, Sunndag!
Bumbam, Röstdag!

HUUS IN DE SUNNE

Huus in de Sunne,
Rausen an'n Tuun,
Fieraomdstunne –
Piepken, swattbruun.

Schaddige Baime,
En kaollen Drank –
Summernachtsdraime
Up hölterne Bank.

Huus in de Sunne,
Immengesumm;
Glück in de Tunne –
Diogenes, kuëm!

STOLT-HENNERICH*

Stolt-Hennerich! Stolt-Hennerich!
Wat mäckst du di breet!
Un weest du wull, un weest du wull,
Wu't all de Praohlers gaiht?
Et kümp en kleenen Jungen,
De häff in 'ne Hand en Stock,
De fraiet sik, de hauet di
Karwumstig up den Kopp.
Et kümp en Mann met 'ne Saiße,
De maihet kleen un graut,
Un smitt di in de Lenne:
Dann büs du tweemaol daut.

---

*Stolzer Heinrich, hochwachsende Pflanze

MAOHN

Nu blaiht un glaiht in'n Gaorn de Maohn.
– Suse, suse Släöpken –
Oh, könn ik no eenmaol nao Huse gaohn!
– Suse, suse Släöpken –
Un plücken Strüße, füerraut,
Un backen un iätten Roggenbraut!
– Suse, suse Släöpken. –

De rauden Blar, de fallet af.
– Suse, suse Släöpken–
Dat Schönste mott toiärst in't Graff.
– Suse, suse Släöpken –
De gröne Saot wät dunkelbruun,
Dann sliek ik nachts üöwer'n Gaorentuun.
– Suse, suse Släöpken –

Un röpp well Holt, ik blief nich staohn.
– Suse, suse Släöpken –
Eene ensige Hand vull brunen Maohn,
– Suse, suse Släöpken –
Een gaaß kleen Stücksken van Huus dat Braut,
Dann lägg sik lanksam Jaomer un Naut!
– Suse, suse Släöpken –

WAIGENLEED

Slaop in, mien kleen Bröerken,
Un do de Aigeskes to!
Ik sing di auk en Leedken.
Nu häör gaaß niepen to!

Ik packe di auk en Vüëgelken,
Ik plücke di Blöömkes fien,
En höltern Piärd an't Tüëgelken:
Dat aals is dann dien.

Un wann ik maol up Reisen gaoh,
Dann kümps du siëker met.
Un weest du wull: Ik holle jä,
Wat eenmaol ik verhett.

PUPPENBALL

Usse Kind siene Puppen – gaoht all bineen nao'n Danz:
Witte Kleeder met Tuppen, – up't Köppken en Kranz,
Lila Strümpkes van sieden Lümpkes
Un blitze – blitze – blanke Schoh.
Usse Kind siene Puppen
Spiëlt Mann un spiëlt Frau.

Usse Kind siene Puppen sint alle, alle rächt fiks.
Se wippelt un trippelt, maakt hunnertmaol en Kniks.
Se sint vull Kumpelmente,
't gaiht wahne vüörnaihm to.
Usse Kind siene Puppen
De sint gaaß akraot.

Usse Kind siene Puppen, de sint gaaß fideel,
Se singet un springet, maakt en grauten Krakeel.
Punkt Een gaiht't nao Huse,
Jerrer Mann met siene Frau,
Usse Kind siene Puppen
Fallt de Aigeskes to.

SUNNDAGMUORN

Niëwel in'n Grund
Up Wiesken smaol,
Muornsunne
Üöwer Hüüskes in't Daal.

Nachtdau blänket
Äs Iëdelsteen,
Usse Häerguott dränket
Sien junge Gröön.

De Klocken klinget
Üöwer't stille Feld,
Lewinge singet:
Wu schön is de Wiält!

Un Sunndagsgesichter
Up'n Kiärkenpatt,
Un Sunndagsgerichte
För Knecht un för Magd.

Üöwer Hüüskes in't Daal
'ne Siängenstunne,
Uut den Hiëmelssaal
Friädenskunne.

UN WEES DU WULL?

Un wees du wull, wu Laiwe döt,
Du niëgenklooke Mann?
Et is, äs wann't nao Huse gaiht,
Äs wann man gaaß wat Schönes weet,
Wat man nich laoten kann.

Un weest du, wann't gaaß heemlick bliff
Tüsken Guott un di un mi,
Wat Schön'res giff't up Äern nich:
Twee gaoht in glieken Schritt un Tratt
An de gaße Wiält vüörbi.

Un wees du wull, wat bitter is,
Viël bitt'rer äs de Daut?
Dat is, wann du verlaoten büs
Met't eene, kleene Waort „Adjüß"!
O, hatte Laiwesnaut!

BUMMELANTEN

Küënige sint wi van de Straoten,
Feld un Wald is usse Riek.
Wi küënt arbaiden, küënt et laoten,
Et bliff sik alles, alles gliek.
Bummeli bammeli baier,
Wi wiët't so schöne Leeder:
Wi findt se up de Straoten,
Dao liggt se gaaß verlaoten.
Wi liäst se van de Wieske up,
De Susewind smitt se us an'n Kopp,
Se swemmet up de Biëke,
Se hanget haug an'n Biärgeshang;
De Kuckuck up de Eeke,
De helpet se us söken.
Bummellust, Bummellast, Bummelantenriek:
Vüör Guott sint Küënig un Biäddler gliek!

RÜÜSKEBAIME

De Rüüskebaim an'n Wägg,
Du glöffst, de wäörn stumm,
Un 't wäör bloos Windgefiäg',
Wann se sik baiget scheef un krumm?
Un se kennen nich Wolken, nich Sunne
An't hauge Hiëmelstelt
Un härrn nich siëkere Kunne
Van'n höchsten Häern van de Wiält?

Wi häbbt drei Linnen an'n Huse,
De sint so aolt un klook,
De säggt mi met iähr Gesuse
Mäehr äs dat dickste Book.
Usse Linnen vertellt Geschichten
Van Lüde, de lange daut.
Usse Linnen küént singen un dichten
Un smiet't mi de Leeder in'n Schaut.

ÄNNEKEN MARJÄNNEKEN

Änneken Marjänneken, wat gaiht et bi di to!
Et blänket jä, et blänket jä de Knöppe un de Schoh,
De Fensters un de Spaigels,
De Düörn un de Grendels,
De Pötte un de Diëkels,
De Düppen un de Kiëdels.
Änneken Marjänneken, ik wäer uut di nich klook!

Änneken Marjänneken, ik häff't jä ümmer säggt:
Du häs wier wat an't Bändken,
Dat häff sik wier so maakt.
En schewen orre en lieken,
En armen orre en rieken,
En swatten orre en hellen,
En stiefen orre en grellen:
Män hiär dermet! 't eenerlei, of dumm he orre klook.

VAN'T WIÄR

Wann ik nao mien Margraitken gaoh,
Dat fang ik an gaaß slau:
Ik kiek dat Barometer nao,
Of't guett wät orre flau.
Dat Wiär, dat Wiär, dat Wiär,
Dao kümmet aals van hiär,
Bi Buern un bi Brüde,
Bi graute un kleene Lüde.

Un wann dat Barometer nich
Up schön of drüge staiht,
Dann weet ik, we an'n Huse bliff
Un nich nao Graitken gaiht.
Dat Wiär, dat Wiär, dat Wiär,
Dao kümmet aals van hiär,
Bi Buern un bi Brüde,
Bi graute un kleene Lüde.

Et was maol en Mann, un de Mann hedde Bammel.
De Mann harr 'ne Frau, un de hedde Gammel.
Un Bammel un Gammel, de göngen üöwer't Land
Un hanneln met Twärn un allerhand Band.
Jerre Geschäfte in Ährn!
Well köff Band un Twärn?

Un Bammel un Gammel, de harrn en Jungen,
Den harrn se up de Straote funnen.
Et was en utergewüëhnlick Kind,
Doch leeder up een Auge blind.
Jungens in Ährn!
Wat kann uut en Jungen wäern?

De Junge haor up den Naomen Bimmel
Un wuor uut en kleenen en grauten Lümmel.
He hannel vüör Vader un Moder hiär
Up eeg'ne Fuust met Kaornsmiär.
Kauplüde in Ährn!
Bimmel wull een wäern.

Kuum twintig, dao naim sik Kaupmann Bimmel
'ne blootjunge Frau, un de Frau hedde Fimmel.
Nu gönk et Juchei un Trara düör de Wiält,
Denn Vader un Moder verdännen jä Geld.
Junge Fraulü in Ährn!
Verstännig sallt se no wull wäern.

Häer Bammel, Frau Gammel de starwen daut,
Dao kaim Häer Bimmel in graute Naut.
Dat Smiärgeschäft was al lange niks mäehr,
Dao kreeg he sik Vaders Kiepe hiär:
Ji Lü, Vader un Moder to Ährn,
Kaupt Band un kaupt Twärn!

DE AOLLE UHR

Et staiht in ussen Stuowen
'ne Uhr, all bruun un aolt,
In de Egge bi'n Kacheluom,
Dao häbbt se iähr hänstellt.

Et häff nich Vader, nich Moder,
Nich Vaders Vader daon.
Se häff al hunnert Jaohre
Un no viël länger dao staohn.

Se wieset bloos eene Stunn',
Se wieset de Middernacht,
Un häff mi met stummen Mund
En ährlick Wäörtken säggt:

„Frönd, düsse Stunn was miene.
Hier dai ik den lesten Slagg!
Un eene van düsse is diene.
Bedenk et doch jerren Dagg!"

FASTAOMDLEED

Henning sägg to Henning's Frau:
„Wief, ik wäer uut di nich slau.
Süh, Fastaomd staiht vüör de Düör,
Un du kickst so düster in't Wiär?"

Hennings Frau to iährn Manne sägg:
„Fastaomd is 'ne schöne Tiet:
Speck un Eier, Schinken un Wuorst,
Snaps un Beer un Wien för'n Duorst."

Dann sägg Henning: „Laiwe Frau!
Krieg uut't Schapp diene Danzschoh,
Smiär de Fööt un lach mi an!
Wao sollt wi iärstan hängaohn?"

Hennings Frau iährn Mann dann sägg:
„Dat is all gaaß guëtt sowiet.
Aower wat kümp ächter Fastaomd hiär?
Askedag staiht vüör de Düör."

Henning wät vergrellt un sägg:
„Alles, Wief, häff siene Tiet!
Fastaomd is to't Juchen dao!
Häringsstiärt, de kuëmt daonao!"

MARLEEN

Marleen, Marleen, wat häff ik di daon?
Marleen, wu konns du van mi gaohn?
Mien Huus is lierig, de Disk is te graut.
Mien Härdfüer uut, un du büs daut –
Marleen!

An dien Graff in'n grönen Klaower,
Marleen, wat dai mien Hiärt doch weh!
't is kieneen, de trü de Hand mi drücket,
Un niks un niks mäehr, wat mi beglücket –
Marleen!

De Hiëmel is düster, de Wiält is swatt,
Un swaor ligg up mi Guotts Gebodd.
So gaaß alleene in't Liäwen te staohn!
Marleen, wu konns du van mi gaohn!
Marleen!

BESMODER

„Besmoder, is dat würklick waohr:
Krieg ik auk maol griese Haor
Un in't Gesicht so'n schrumpelig Fell?
Sägg dann auk well: „Besmoder, vertell?"

Biëwert dann auk miene Hänne so?
Sin ik dann auk nich eenmaol mäehr froh?
Sint dann all miene Kinnerkes daut?
Häff ik dann auk en kleen Änneken up'n Schaut?

Besmoder bogg dat stille Gesicht
Harunner to't Plappermüülken dicht:
„Giëf di Guott en laif Enkelkind,
Wann de eegenen al in'n Hiëmel sint.

KAFFEEMÖERKEN

Ik häff en steenaolt Möerken kannt,
Dat was niks laiwer äs'n Drüöpken Smand
In en Schäölken guëdden Kaffee.
Un kaim dann auk no en Klümpken drin,
Gnese et vergnööglick vüör sik hän:
Jau, Kaffeekuoken verstaoh wi.

En tinnen Liëpelken, scheef un krumm,
In en Köppken aohn' Hängel, rumdidum,
Un en Twiback intebröckeln:
Dat Möerken härr för Sülwer un Gold
Met kin Küënig tuusken wollt
Un slaip in ussen Schoppen.

VERKWÄTTKEN

Blinkeblank Gefunkel
In summernächtig Dunkel.
Buowen Lecht un unnen Lecht,
Un kin eensig löchtet slächt.

An'n Hiëmel dusend Stärne,
Glämmwüörmkes up de Äer.
Unnen Füer, buowen Gold:
Soviël häff ik garnich wollt.

Weeke, lue Lüfte,
Söten Blomenrüëk,
Un in'n Busk 'ne Nachtegall,
Singen un Klingen üöwerall.

Up, wiet up, mien Hiärt!
Wägg met Suorg' un Pien!
Hier is Liäwens Üöwerflaut,
Swemmet wägg alle Last un Naut.

Blinkeblank Gefunkel!
In summernächtig Dunkel,
Sank un Klank un Lecht, viël Lecht!
Hei, so is't jüest rächt!

Aus „Rund ümme'n Stimmstamm rümme ..." (1927)

SANKT RAFAEL HARR VERLAUF HADD

Sankt Rafael harr Verlauf hadd
Un kaim jüest trügg van Brilon-Stadt
Un woll sik wier to Stiärn mellen,
Dao raip usse Häerguott auk al: „Vertellen!
Du wäörs jä wull in't Suerland,
Mien Reiseengel, dat is scharmant!
Nu sägg maol, wu't dao unnen gaiht,
Of aals up rächte Stiärn no staiht.
Sint de Wiesken gröön? Sint de Eeken wassen?
Un konns du di an't Suerländske Platt anpassen?
Vüör allen Dingen: Wat maakt de Lü?
Wu staiht dat met Eenfackheit un Trü?"

Dao harr St. Rafael noog te luowen
Van blanke Hüser un gemöötlicke Stuowen,
Van hauge Biärge un friske Luft,
Van Wiesken un Gäörns un Blomenrüëk;
Van lustige Kinner un flietige Frauen
Un äehrlicke Mannslü, De man guëtt kann truen.
„Aower, aower", – un de Engel schüëddel den Kopp –
„O Häer, vergiff mi armen Tropp.
Ik säggt nich gärn, doch mott et sien:
De Lü in Westfaolen sint anners äs an'n Rhien.
Westfaolen sint alle äs stief bekannt,

45

Aower de gröttsten Dickköppe häff dat Suerland.
Wat se willt, dat willt se!
Wao se sint, dao gelt se!
Iähr Sinn is twiärs, de Köpp sint rund,
Wat se säggt, wat se biädt, jerres Waort wägg een Pund."

Dao fönk usse Häerguott an te gnesen:
„Mien Rafael, ik mögg wull wünsken,
Et gäff düsse Stiewen no mäehr up de Wiält.
Wat sint se fiks, wann't iärnsthaft gelt!
Wat könnt se küern, wao't de Maide wäert,
Dann is't nich te fröh un nich te laat.
Se hollt mien Waort, äs't in't Hiärt iähr staiht,
Un se sint auk fröndlick, wao't nich anners gaiht.
Miene Suerlänner sollt jüest so bliewen äs se sint.
Nu gaoh un röst di uut, mien Kind."

FIEFHUNNERT MUORN HIËMELBLAO

Fiefhunnert Muorn Hiëmelblao
Dat is mien Buernguëd.
Well gaiht't wat an? Wat fraog'k dernao?
So gaiht mi auk niks kaputt.
Miene Kartuwweln wasst up annermanns Land,
Mien Kruut scharwt annere Lü in't Fatt,
Miene Appeln un Biärnen schüëdelt de Wind.
Up annermanns Wieske blaiket mien Lind.
Valleri, vallera, vallerallala!
Ik haite Hans Kasper Hopsasa.

Un äs ik gistern mien Guëd besoch
Un een lück spazeern gönk,
Wat meint ji wull, wat dao Wunners geschain,
Wat ik för en Vüëgelken föng?
En pusseerlick Schättken lache mi an:
„Holt! Wochte, Hans Kasper! Wi will us truen.
Du häs kin Geld, ik häff kin Geld:
So kuëmt wi licht un fri düör de Wiält."
Valleri, vallera, vallerallala!
Dat is de junge Frau Hopsasa.

Nu gaoh wi dapper to twee un twee
Un slaopet up Hai orre Strauh.
Van Arbaid doot us de Knuoken weh.
Wi fechtet un liäwet iäm so.
Wat bruukt usse Kinner Strümpe un Schoh:
Wi sind van de Straoten, we kann dao to!
Usse Biäddelbüül is boll lierig, boll straff.
„Guëd Hiëmelblao" smitt no ümmer wat af.
Valleri, vallera, vallerallala!
Wi sint de Famillge Hopsasa.

Ik söök up stillen Straoten

Ik söök up stillen Straoten
Nao Leeder, de nüms weet,
En Spiëlmann, aolt un verlaoten,
Un kieneen, de met mi gaiht.

Ik söök in'n Wieskengrunne,
Ik luster bi Water un Wind.
Ik fraoge bi Maon un bi Sunne,
Ik arm, aoltmöödske Kind.

Wat de Rüüskebaime vertellt,
Se häbbt et mi nachens verraoden,
Wat de iärsten Swalwen mellt:
Ik kann't gaaß düütlick verstaohn.

In Buerngäörns glaihet
De Rausen an'n hölten Tuun.
Buntfarwige Astern blaihet
Up Rabatten dunkelbruun.

Un aals häng vull van Leeder,
Vull Lust un Sank un Klank.
O härr'k doch Sangesbröer!
Ik söfst sin aolt un krank.
                    *
Doch nu tüht en glücklick Huopen
Düör mienen plattdüütsken Sinn:
De Moderspraok trätt uopen
Un fri för jerren hän.

Un adlicke Westfaolensiälen
Aohn Siegel un Adelsbreef,
De wäert den Schaden heelen,
De häbbt mien Plattdüütsk laif.

Aus
„Sunnenried"
(1929)

SUERLANDIÄRSSE

Stur äs en Eekenbaum,
Week äs en Laiwesdraum,
Trü äs Dannengröön,
Graut – un doch wier kleen,
An rächte Stiär hatt
Is Suerlandiärsse.

Still äs Summernacht,
Iärnst äs Winterpracht,
Klaor äs Stärnelecht,
Waohr, eenfack un echt,
An rächte Stiär hatt
Is Suerlandiärsse.

WILLE DUWEN

Wille Duwen – Krukru
Haug in de Dannen – Ruckediku,
Sniwel Snawel aomds laat,
Biwel bawel, wann't Muorn wät.
Ruckediku, Ruckediku –
Krukrukru, Fru, Fru, Fru.

Sprenkelaier, pick di pick,
Ligget in't Nöst, gick di gick,
Junge Vüëgelkes, wann't Aomd wät,
Hungrige Müülkes fröh un laat.
Ruckediku, Ruckediku –
Krukrukru, Fru, Fru, Fru.

SCHRIEWER

Wiet af van de Wiält buorn,
Fröh in Gedanken verluorn,
Van Biärge trü ümhiëget,
Tüsken Lüde, de sik reget,
Üöwerschüdt met Beller un Draime
Van'n Susewind in de Baime.

      Bi de Biëk, de wild dao schümet
      Alle Hinners rümet,
      Bi Gräs un't riepe Kaorn,
      Bi Buernblomen in'n Gaorn,
      Bi Sturm in de Hiärwstnacht,
      Bi Summer- un Fröhjaohrspracht,
      Bi lustige Wannergesellen,
      Bi kleene Duorpkapellen,
      Bi stille Kiärkhoffsrast.
      Dao sint usse Schriewers to Gast.

BIÄRKEN

Biärkenbaime fien un slank
Wisket sik de Augen blank.
Kuëmt in'n grönen Mantel haran
Un lachet de laiwe Sunne an.
Laot't de Krüllen weggen in'n Wind,
Alltiet se junge Wichter sint,
Singet Leeder, sööt un fien,
Un fraoget, we met nao'n Danz will sien.
Biärkenbaimkes häbbt lange Haor.
Se driägt an de eegene Schönheit te swaor
Un wiët't nich maol, wu schön dat se sint,
Un doot met de Moder Äer laif Kind.

WILLEWALE

In't Kaorn, in't riepe Kaorn
Sint wi junk un graut wuorn:
Häbbt jerren Dag satt giätten
Un in de Schuëkel siätten,
Häbbt küern lährt un singen,
Riepe Roggenkärne te finnen,
Literaturgeschichte häört,
Riem un Rhythmus kennen läehrt.
Bikwerwik! Bikwerwik!
Wat'n Glück! Wat'n Glück!

In't Kaorn, in't riepe Kaorn
Sint wi klook un kunnig wuorn:
Kaimen allerhand Lü,
Kaimen Kinner, Ellern un Brüde,
Göngen sachte üöwer'n Patt,
Küern düt un küern dat.
De Hälfte häbbt wi verstaohn,
De Hälfte häbbt wi raoden.
Bikwerwik! Bikwerwik!
Wat'n Glück! Wat'n Glück!

WACHOLLER

Üöwer Wachollerbüske
In griese Müsken
Tüht en Hawk siene Kringe,
Äigt van färn,
Glitt to Äern
Met sachte Swinge,
Wet't sien Snawel,
Scharp äs en Säöbel,
An'n hatten Steen.
En Märtenhäsken,
En Vüörwitznäsken,
Hackt he inneen.

Siëwen Wachollerbüske
Tüht de griese Müske
Daip üm den Kopp.
Uut'n aolt Geslächt,
Kennt se dat Haiderächt
Un regt sik nich up.
Üöwer Wachollerbüske
In griese Müske
Fiäget de Wind.
Haideklöckskes klinget,
Wachollernaodeln singet
Äs en verlaoten Kind.

UULEN

Klawitt! Klawitt! De Nacht is schön,
Dao kann man jüest am besten saihn.
Klawitt! Klawitt! Wi hasset den Dag.
An'n allermiärsten in'n Duwenslag.
Klawitt – klawitt – klahu-u-uh!

Wi sint en aolt Prophetengeslächt,
Studeert viël un spriäket Rächt.
Wi föehrt de Kronik up Sunnenried
Un suorget, dat dat Aolle erhollen bliff.
Klawitt – klawitt – klahu-u-uh!

Wi wiët't auk, wu't läter gaiht,
Wann dat Nie met dat Aolle in'n Bunne staiht.
Usse Hemaotland, usse Suerland,
Dat wät no wiet un breet bekannt.
Klawitt – klawitt klahu-u-uh!

AOLLE HÜSER

Et häng in'n siegen Stuowen
Van Thymian un Lawändel,
Et schmiegt sik unnen an'n Uom
Un snurrt üm en Uhrenpändel.

Et gaiht äs Singen un Dichten
Üöwer Balken, düör aolt Gerümpel,
Lütt äs Kalennergeschichten,
Äs Unkengeklunke in'n Tümpel.

In't Schapp grautblomige Schalen,
– Buorssen up jerre Siet.–
We könn us biätter maolen
De guëdde, aolle Tiet!

Wat kann man de Kauten recken
In Beddens haug un breet. –
Ik mein, auk dat leste Strecken
Wäör hier nich so swaor un heet.

Et hanget in'n siegen Stuowen
Van Lawändel un Thymian.
In een Sesselstohl ächter'n Uom
Laot ik mi gärn inladen.

DUORPKAPELLEN

Üöwer Duorpkapellen
Ligg 'ne stille Fier.
Kleene Klockenwellen
Swinget wier un wier,
Gaoht bes an drei Linnen
De an den Wägg dao staoht.
Dat de nu müët't singen,
Wünnert di dat?

UNNER BÖCKEN

Up gröne Matten
In'n Böckenschadden
Met Sunnenblitzen
Un güllen Glitzern
Un Kuckucksropen
Un Hasenlaupen
Un Waterrüüsken:
En heemlick Lustern.
Un Finkenslagg
In'n Wildrausenhag'
Un de lindelue Wind
Un en Sunndaggskind,
De Hänne verslungen
An niks nich bunnen,
Kin Güëd un kin Geld:
O, du schöne, schöne Wiält.

UP STILLE WIÄGE

Up stille Wiäge gaoh ik gaaß alleene,
Un dusend Wunners kuëmet up mi an.
Se ranket sik üm Felsen un üm Steene
Un swinget sik to luft'ge Swiäwebahn.

Se höödt sik in halfverschüddte Wiäge,
An schewe Öwers, wasst ni in de Nacht;
Up Brüggen wacht se, up smaole Stiëgen,
Un gaoht nich, bes se mi „Guëdden Dagg" häbbt säggt.

Un dusend Wunners blaihet in de Wiesk',
Un dusend riepet sacht in't Kaornfeld,
Un nomaol dusend häff mi't Water wiest:
Van lutter nie Wunners vull is miene Wiält.

FESTE FIERN

Düör fahle Blar te slufken met bedächt'gen Gang,
Up lier'ge Feller kieken lange – bang',
De lesten Biären plücken, schü met sachte Hand,
De lesten Grüße wenken – Afgewandt in't Hiärwsteland,
Den Kopp no eenmaol liëhnen an en kahlen Baum,
De lesten Blomenkinner singt in Slaop un Draum,
De Föte fastehollen laoten van Gerank:
Dat is, Natur, uss' leste, beste Dank.

STAIHT 'NE MÜËHLE

Staiht 'ne Müëhle in'n Grund,
Gaiht klipp-di-klapp.
Ligg en Jung in de Sunne,
Singet ripp-di-rapp!

Witte Schuumflocken pluset
In'n Müëhlendiek.
En Glückskind bauet
Sien Küënigriek.

HAIPIÄRDKEN

En Piärdken aohne Rieder,
Aohne Knecht un Beglieder,
Aohne Saddel, aohne Büëgel,
Aohne Taum, aohne Tüëgel,
Mäck ümmer Galopp,
Mäck Sprünge pielup,
Föllt butz up de Niäs',
Höödt sik in't Gräs,
Springt midden in't Hai,
Gift äs en graut Geschrei:

> Sitt dao en Jüngesken,
> Up en Bünselken,
> Springt up un löpp,
> Streckt den Finger uut un röpp:
> „Haipiärdken, giff mi Salwe!
> Süss sni ik di den Hals af!"

IK SIN SO 'NE HÄERGUOTTSSCHRIEWERIN

Ik sin so 'ne Häerguottsschriewerin.
Ik sin nich graut un auk nich kleen.
Still is mien Doon un slicht mien Waort.
Ik giëwe niks för Prunk un Staot.

Ik schriewe, wiel ik schriewen mott.
Ik singe auk, wann't Hiärt mi blött.
De Klänge treckt düör Wiesk un Feld,
Se sint niks för de graute Wiält.

Ik sin so 'ne Häerguottsschriewerin
Un laot mi nüörns, nüörns saihn.
Miene Böker liggt in'n Eskenspind,
Miene Leeder singt buten de Wind.

NIËWEL

Langs de Biärge tüht de Niëwel,
Gries liggt Duorp un Feld.
Slaiprig kieket Baim un Giëwel
In de düst're Wiält.

Üöwer kleene Hüöwe luert
Scharp en Hafk, praot to nen Fang.
Meddagg kuum, dao staiht un truert
Still 'ne Henne, lange, bang.

Twee, de staoht in'n griesen Niëwel,
Wochtet up nen Sunnenstraohl,
– Swaore Geschicke, Kiern un Kniëwel! –
Staoht bineen to't leste Maol.

RAUSEN AN'N WÄGG

Rausen an'n Wägg, Immen in't Hiärt:
Mien Schatz, de singt, wao he gaiht un staiht.
Mien Schatz häff Leeder, junk un aolt,
Vandag is he warm un muorn kaolt.

Van Rausen een Kranz, van Haide en Struuß:
Mien Schatz, dat was dien iärsten Gruß.
Rausen an'n Wägg, Immen in't Hiärt –
Wu lange no? Well weet, well weet?

WAT DÖT DAT WEH

Rausenknoppen un grönen Klaower,
Van Snee üöwerschüddt, wat döt dat weh!
Allerleste Rausenpracht
Begrawen in eene ensige Nacht.

Dunkelraude Rausengloot – –
Junge Hiärten un Iëdelbloot – –
Snee up de Knoppen, Snee in't Haor,
Wat döt dat weh! Wat is dat swaor!

Christine Koch, Jugendbildnis

MAON – NACHT

Sülwerne, bleeke,
Weeke
Maonschien bi Nacht:
Süh, ick wocht
Stunne up Stunne,
Dat de glaihende Sunne
Iähr Straohlenkleed aflägg
Un „Guëdde Nacht" sägg,
Dat all de Dageslast,
Suorg un Unrast
Met iähr to Berre gaiht, – –
Un auk mien Hiärteleed.

Sülwerne, weeke,
Bleeke
Maonschien bi Nacht:
Wat ik Schönes jemaols dacht,
Wat ik schreef un Guëddes sagg,
Du wäörs et, de et mook.
Dusend Wunners wecket dien Lecht
Wat bi Dage slächt un rächt
In'n Wiärkeldag staiht,
In'n Arbaitskiel gaiht,
Tüht nu en Sülwermantel an,
Föehrt in'n Schipp orre Kahn,
Swiäwet fri in de Luft,
Stigg up uut de Gruft.

Sülwerne, bleeke,
Weeke
Maonschien bi Nacht:
Niehm wägg, wat swaor up mi lagg,

Spinnst Draime
Üm Baime,
Wecks Gaisterdänze,
Binns Sülwerkränze.
Niëwelfrauen
Lötts du Brüggen bauen,
Wiäwest Hollenspook
In't Niëweldook,
Lötts Wunners upstaohn, still un sacht,
Sülwerne, bleeke,
Weeke
Maonschien bi Nacht!

MÜËHLRAD

Müëhlrad, blief maol stille staohn,
Miene Gedanken sint met di gaohn,
Göngen met di wull Jaohr un Dag.
Met di göng mien Hiärtensslag.

Müëhlrad, ik sin möde wuorn,
Late Rausen blaiht in'n Gaorn,
Stiärweleeder singt de Fink,
Singt van een terbruok'nen Rink.

Müëhlrad, blief doch eenmaol staohn!
Will di gaaß wat Schöns verraod'n:
Eenmaol kümp de leste Nacht;
Müëhlrad, dann wät Fieraomd maakt.

TÜSKEN MUORN- UN AOMDRAUT

Un tüsken Muorn- un Aomdraut,
Dao ligg en langen Dagg.
Dao früß so mannig Hiärte daut,
Un mannigeen dräpp een Slag.

Un een gerött in lechten Brand,
Dat gönk gaaß sachte an, –
Un wier een, dat gaiht buten Land
Un kümp up schewe Bahn.

Un tüsken Aomd- un Muornraut –
Wann Nacht up Äern ligg –
Is mannigmaol no grött're Naut,
De kineen den annern sägg.

Dao krämpet sik so mannige Hand,
Un mannig Hiärt inneen. –
Vertellen könn wull mannige Wand
Un mannig Müersteen.

UNRUHIGE GÄST

Met Wolken un Winnen
Jaget all usse Sinnen
Düör unendlicke Wieden.
Wi griept nao de Stärne,
Kliëft fast an de Äer,
Helpt kin Wiähren un Bidden.

Met dat Water te wannern
Van een Land nao'n annern
Wäör Hiärtensbegiähr.
Us höllt de Scholle,
Un't Olldagsgerulle
Lött kineen düör.

All dat Wiëtten un Können
Nao te rennen,
All dat Schöne te saihn,
Nao dat Höchste te striäwen:
O, dat is Liäwen.
Usse Wiält is te kleen.

Een Wanken un Kranken
An swaore Gedanken
Ritt us düörneen.
Häer, laot us dao buowen
Tefriär di luowen.
Giff Röst för us twee'n!

CRUZIFIGE
(Kreuzige ihn!)

Gaiht een wao stille Wiäge, de so'n lück afsiets liggt,
Wiel de an't Wiältgetümmel he kin Gefallen krigg,
Un frait sik still an Baime, an Water, Sunn un Wind,
Un is en Spierken anners, äs wull de Miärsten sint:
Cruzifige!

Un glitt dann wull maol eener van den rächten Wägg äs af
– Sien Hiärt, dat was wull elend un düster äs Nacht un Graff –
Un struëkelt up falske Wiäge un findt sik nich wier trächt,
Kann nich alleene mäehr upstaohn, wu gärn he dat auk mögg:
Cruzifige!

Un häff wao een in't Frommsien 'ne schüe, stille Art,
De üöwerfromme Lüde sofaotens nich gewahrt,
Un follet de Hänne anners, äs jüest den eenen geföllt,
Wann he auk no so ährlick, to ussen Häerguott höllt:
Cruzifige!

Un is maol arm een wuorden, well süss in Siede gönk
Un den an baide Arms 'ne Kaor vull Frönde hönk,
Un was he füftig Jaohre en ansaihnlicken Mann:
He is verkofft, verraoden, soboll he nich mäehr kann.
Cruzifige!

ET GIFF EN LACHEN

Et giff en Lachen, dat döt so weh,
Et giff en „Jau", un dat hett „Nee".
Wu wennig doch eener van'n annern weet,
Wu raor en Hiärt, wat di verstaiht!

Gesichter giff't, steenern un kaolt,
Se häbbt sik in gröttste Gewolt,
Un unner de Maske, dao schreiet de Naut,
Un unner de Aske, dao glämmet de Gloot.

Et ligg wull 'ne Hand so fien un slank
Up siedene Küssens, stunnenlank,
Un biëwert doch nachts aohne Ruhe un Rast:
O Prunk un Prank! O Dageslast!

Wu raor doch eener den anner verstaiht,
Wu wennig Broer van Broer weet,
Un früëmd gaiht eener an'n annern vüörbi:
Wat gaihs du mi an – wat wiss du van mi?

Christine Koch, Jahr der Aufnahme unbekannt

KINNERLAND UP SUNNENRIED
(Auswahl)

Tucke, tucke, Höhnken,
Blief jau uut mien Gaorn!
Ik smiet di met en Steenken,
Ik krieg di bi de Aohrn.

Ik ruppe di de Fiäderkes ruut,
Dann sühs du gar nich schön mäehr uut.
Tucke, tuck, mien Höhnken bruun,
Ächten is en Lock in'n Gaorntuun.

*

Mäxken bliff vüör de Schole staohn,
Puh, puh, puh, puh, puh – –
Karo, de soll met em gaohn,
Huh, huh, huh, huh, huh – –
Karo bliëkere, Mäksken green,
Wu küemt de baiden met den Lährer üöwereen?
Huh, huh, huh, huh, huh – –

De Lährer was en verstännigen Mann,
Ha, ha, ha, ha, ha – –
He saoch sik den niesten Schöler an,
Na, na, na, na, na – –
Un sagg: „Küemet äs män beide rin,
'ne Kinnerschool mott lustig sien,
Ha, ha, ha, ha, ha – –

*

76

Kringel, krengel, Stuten,
De Bäcker kick düör de Ruten,
Häff 'ne witte Schüörte vüör.
Kloppt well sachte an de Düör:
„Ik soll en Gröskenbrezel halen,
Un wat wi daoför dann müët't betahlen?"

*

Küörfken binnen,
Blöömken söken,
Kränzken winnen
Unner de Eeken.

Andacht hollen
Fromm un fien,
Hännkes follen,
Engelken sien.

*

Laiwe, hillig Kristuskind,
Mien Tellerken häff ik set't!
Nu spann dien Iëselken an geswind
Un maak di up den Patt!
Appeln un Nüëtte härr ik gärn,
Een Griffel to't Schriewen un Böker to't Läehrn;
Brenk mi auk en Baimken fien,
Hunnert Lechter müët't dran sien!

Brenk auk usse Jänneken wat,
Dat is no klimperkleen;
Et smitt jä wull no alles kuort,
– Du sass't wull sölwer saihn –
Am besten wäör jä 'n Schnullerken
För't laiwe kleene Snückelken.
Un an Vader un Moder erinn're ik di,
De härrn no gärn so'n Jungen äs mi.

*

Pülske, pülske, rüüske, rüüske,
Wäterken süh, ik staoh un luster,
Woll wull gärne met di gaohn,
Blief maol en Augenslägsken staohn!

Wäterken, sägg, wao gaihs du hän?
Wäterken, kann man dao auk wier wägg?
Grinnt süss Moder de Augen sik raut,
Un Vader jaommert sik rainewäg daut.

*

„Mai – Mai – Kawel,
Wat häs du en grauten Snawel!" – –
„Sniwel, Snawel häff ik nich,
Weet nich, wao miene Kinner blieft.
Summ, summ, brumm, brumm,
Sint mi jä alle te dumm!"

*

Et sniet, et sniet, et sniet Snee,
He föllt up dat Köppken, un niks döt em weh.
He smäck äs Zucker, ik iäte 'ne all! –
Doch nee, van 'ne Handvull maak ik en Ball;
Nu laupet män alle in'n Stärngalopp
Süss smiet ik 'ne ju so butz an den Kopp.

*

Hähnken, Hähnken, blief doch staohn,
Mott di maol wat fraogen;
Will di siëker nich verraoden,
Kannst et drieste waogen:
„Waorüm, wann du kraihen wis
An'n Aobend of an'n Muorn,
Flüggs du up dat Höhnernöst,
Äs härrs du dao wat verluorn?
Hähnken, Hähnken, si nich dumm,
Hahneneier sind jä krumm!"

*

Häerguottshöhnken, Siëwenpunkt,
Kuëm up mienen Finger!
Sägg maol: Is de Äere rund?
Is se vull van Kinner?

Sägg maol: Häbbt di alle laif,
Sett't di up den Finger?
Häerguottshöhnken, Hiärtensdaif,
Grüß mi diene Kinner!

*

De Lumpenmann, de Lumpenmann,
Tüddelüddelütt, wat he flaiten kann!
Bränget us bunte Fähnkes met,
Will maol fraogen, of wi Lumpen häbbt!

*

Bimmel bammel, Tüëgelken,
Buowen flügg en Vüëgelken,
Unnen löpp en Rüëken
Un Naobers kleene Trüütken,
In't Water swemmt en grauten Fisk –
We wull toiärst to Huse is?

*

Sniëge, Sniëge, Snorribus
Laip wull üm de Wedde
Met en aollen Omnibus,
Was no vüör em in't Berre.
        Sniëge, Sniëge futt,
        Omnibus kaputt!
Küënt wi nich mäehr föehrn,
Sall us wennig stüörn;
Küënt wi nich mäehr rieden,
Kaupt wi us en Sliëdden,
Suust wi daomet de Biärge daal,
Sniëge Sniëge sitt't söfst daorin.

„Vagantenlaier"
Vagantenleeder
(um 1929)

VAGANTENLEEDER
(Auswahl)

Fraog mi nich: „Wao kümps du hiär?"
Fraog mi nich: „Wao wis du hän?"
Huus un Hemaot sint vüör de Düör.
Üöwerall, dao kuëm ik wägg.

Un de gaße Wiält is mien.
Sin boll hier, boll dao.
Riängenwiär un Sunnenschien –
Gar niks fraog'k dao nao.

Licht Gepäck un froh Gemööt,
Hoot un Stock in de Hand,
Heele Schoh un en lustig Leed:
So gaiht't düör Land un Sand.

*

Mien Bünsel is nich all te swaor.
Wat do ik met Gepäck!
Dat häng een jüest äs alle Jaohr
Babarsk up dat Genick.

Smiet af, smiet af, wat drücken will!
Dien Hiärt, dien Hiärt si licht!
Un de beste Raot, mien laiwe Gesell:
Suorg, dat diene Stiëwel sint dicht!

Holdria, holdria, Juffer in't Gröön,
Briäk mi 'ne Rause af, laot di maol saihn!
Schüëdel mi en Appel un giff mi de Hand!
Muorn treck ik wier wieder in't Land.

Kanns du nich lachen? Ik maak di't vüör.
Kiek nich so düster unner de Luken hiär.
Alltiet lustig un alltiet froh!
Wannergesellen, de sind iäm so.

*

Buten schinnt de Sunne,
Buten waihet de Wind,
Föhlt wi jerre Stunne,
Dat wi Küënige sint.

Küënige van de Straoten,
Aohne Guëd un Geld,
Könn wi doon un laoten,
Jüst so, äs wi willt.

Drinkt wi uut de Welle,
Biäddelt Speck un Braut,
Lagert us in'n Kringe,
Slaot de Dage daut.

Maket nie Leeder,
Lustert dat Water iähr af.
Tahlt kin Zins, kinne Stüern:
Fri treckt wi up un af.

Usse Leeder, auk wann se al aolt,
Blieft hangen hier un dao.
Un well de guëtt gefallet,
Singt orre flaitet se nao.

Niks is niks, un wat is wat:
Ik häff kinne Hütte, un de Küenig häff 'n Slott.
De Küenig häff Geld, un ik häff kin
Un sin doch rieker, äs ji wull maint.

Mien Huus is so graut äs de gaße Wiält.
Miene Lampen briännt haug an't Hiëmelstelt.
Niks kost de Brand, niks kost dat Lecht:
Ik sin mien eegen Häer un mien Knecht.

Mien Berre is üöwerall maakt.
Ik häff miene eegene Jagd.
In de Task wull kin eensigsten Dreier,
Daoför aower de schönsten Vagantenleeder.

*

Steene, de an'n Wägg liggt,
Lüde, de nich gärn giëft,
Baime aohne schaddig Lauf,
Haselnüëtte, huohl un dauf,
Stiärn, wao se küënt kin Platt,
Frönde, de nich met mi gaoht,
Nächte aohne Maonenschien
Küënt mi all gestuohlen sien.

Wichter, de nich lachen willt,
Mesters, de bloos Kuopergeld,
Jungens aohne Unverstand,
Kartentrümpfe in Naobershand,
Kiërnrüens ächter de Düör,
Slacksnee, Niëwel, Riängenwiär,
Buerngüëder, de nich mien:
Küënt mi all gestuohlen sien.

*

„Fechtbruder" Robert Groß, in Voßwinkel auch „Schnupfe-Huste" genannt
(Weimarer Zeit; Archiv: Arbeitskreis Dorfgeschichte Voßwinkel e.V.)

Gedanken finnen,
In Wäörder binnen,
To Riëme slingen
Hett Leeder singen.

Van kieneen häff ik et häört,
Van nüms wat läehrt
Un weet doch faorts
Wiese un Waort.

För fief Pennige Ulk,
En Gedankenblitz,
Wennig Füer, wennig Hitt'
Un in't Gröön en Sitt.

Mäehr bruuk't nich te sien:
Kinne Gesellschupp, kin Wien
Kin Maon-Sülwerschien,
Kin Haugdüütsk, kin Latin.

Äs de Snawel mi woss,
Laot ik Plattdüütsk los,
Den kunterbunten Tross,
De up de Landstraote woss.

„Wunnerlick" hait ik,
Sin ni-nich verdraitlick,
Mien Liäwen genait ik,
Up de gaße Wiält flait ik.

Nachlass-Handschrift zum Gedicht "Dai van der Strooten"

DE VAN DE STRAOTEN

De van de Straoten:
Arm un verlaoten
Sint se to Huus vüör de Düör.
Löcker in'n Schoh
– nich all küent se daoto –
Gaoht se daohiär,
De van de Straoten.

De aohne Hütte:
Up'n elennig Schauf Strauh
Liggt se bi Nacht
Of fraist an de Hiëge
Aohne Küssens, aohne Diëke.
Guëdde Nacht häff iähr nicheener säggt,
De van de Straoten.

De van de Straoten:
– arm un verlaoten –
Nich all sint se slächt.
Se driägt Guoddes Siegel
Äs Schutz un Riegel,
Un all' häbbt se Menskenrächt,
De van de Straoten.

Christine Koch, Altersbildnis

Fünf Gedichte
der Jahre 1930-1941

DAT LIÄWENSBOOK

In kin Book is so viël te liäsen un te läehrn,
Äs Mensk un Menskenschicksal läehrt up Guoddes Äern.
Du kaas in't jerre Slott, in jerre Hütte gaohn,
Et gaoht Vertellsels üm, un Räötsels sint te raoden.
Up jerre Folle, de in't Menskenantlaot staiht,
Wull een Kapittel te vertellen weet.

WIPPSTIÄRTKEN

Wippstiärtken,
Wippstiärtken
Danzet Minneweh.
Et neiget,
Et waiget
Sik fien un nett.
Wu't dänzelt!
Wu't swänzelt,
Trippelt hen un trippelt hiär,
Eenmaol rächts rüm,
Eenmaol links rüm,
Beenken trügge, Beenken vüör.

Wippstiärtken,
Wippstiärtken
Niëhme en Bad.
Et flitzet
Un splentert
Sik rundüm natt.
Wu et sik spaigelt,
Wu et sik striegelt
Alle Fiäderkes glitterglatt.
Süht nao'n Hiëmel,
Biädt sik iärst maol,
Un drinkt sik dann satt.

WATER DRAFF NICH STILLE STAOHN
(o. T.)

Water draff nich stille staohn,
De Mensk mott ümmer vüörwes gaohn.
Liäwen hett Striäwen; Denken höllt junk,
Is 'ne guëdde Aollersversiëkerunk.

WILEWALELEED

Up hill'ge Äer
In en Rüüskemeer
Van güllene Spiers
Singet de Psalmen
'ne Wilewale met Frau un Kind:
„Danket den Häern!
He giff Braut un Kärn',
Giff Fröhjaohrs- un Summerpracht
Un Hölp in Gewitternacht.
Bickwerwick! Vuëgelglück!"

Sniedet blanke Seißen
Met scharpe Tiähn
De swaoren Garwen
Summerriepefarwen,
Haut dicht an't Wilewalennöst,
Weckt dusend Schrecken.
In de naichsten Hiëggen.
Naiht uut de Wilewalen,
Singt truerig üöwer'n Wägg:
Bickwerwick! Bickwerwick!
Vuëgelgeschick! Vuëgelgeschick!"

ÄHER DE SUNNE TO BERRE GAIHT

Äher de Sunne to Berre gaiht,
Se wull no en Wielken an'n Hiëmel staiht
Un nimp Afschied van Feld un van Busk
Un van de laiwen Blöömkes all'.
Se smitt no en paar Hänne vull Gold in de Wiält
Un fiärft dat riepe Waitenfeld
Un funkelt un blitzet de Büske un Baime
Un naiht an't Gewölk iärst güllene Süme.
Dann klaiet se up Naobers Schieferdack
Un aigelt maol iäm in jerre Gefack.
Se kick düör kleene Fensterschiewen,
Döt alle Kinner de Bäckskes friewen,
Maolt gau no en paar Kringel an de witte Wand,
Giff alle Kranken fröndlick de Hand,
Gaiht hän un weckt den Aomdstärn
Un biädt iärst no den „Engeldeshäern".
Dann häff se iähr Dagwiärk vullbracht,
Lachet nomaol un röpp: „Guëdde Nacht!"

Christine Kochs Schreibgarnitur

Aus einer undatierten Handschriftensammlung

(aufgefunden nach Abschluss
der Esloher Werkausgabe)

MAIRIÄNGEN

Nu, Kinner, fiks vüör de Düör:
Mairiängenwiär!
Un niks van Müsken, Kappen un Höden,
De blanken Köppe den Mairiängen baiden.
„Muorn fröh sint ji alle en halwen Kopp grötter",
So sagg miene siäl'ge Moder fröher.
Un düsse Nacht wäss dat gröne Gräs up de Straoten.
We't nich glaiwen will, kann't jä bliewen laoten.

WIESKE IN'N DAU

Jerre Gräsken van Daupiädeln natt,
Demanten up Blome un Blatt,
De güll'ne Sunne midden drin,
Nu is usse Wieske Küënigin.

Un lütt un locket kuëm, kuëm, kuëm –
De Immen un Hummelten, – summ, summ, summ –
De Kawels un Sunnenvüëgel alle haran;
So fänk usse Wieske 'ne Wäertschupp an.

Se drinket all' iähr Schöppken Wien
– Se küënt doch wull wat süniger sein –,
En Maikawel, dick un graut äs en Riese,
Wältert sik up de Kiärmeswieske.

STURM

Horido, horrido!
Halali, halalo!

In pickswatte Nacht tüsken twiälf un een
Alle Winne äs Dragoners un Rüens up de Been!
De Sturm höllt Jagd, föehrt Gaisterslacht
Un bruust un hüült: „Ik häff de Macht!"
Dao bliff kin Blatt an'n Eekenbaum,
Kinne Bellen heel an'n Wolkensuum.
He knicket an'n Wägg de leste Danne,
Deckt Hüser af un widdelt de Wänne.
Dao bögg sik alles daip to Äern
Un biëwert, un huopet, verschont te wäern.
De Sturm de hüült un röpp düör de Nacht:
„Up de Knai iärst all'! ik häff de Macht!"

Dao häört he van wieden en Singen un Lüden
Un weet nich, wat dat sall bedüden.
Äs „Dies irae" häört et sik an.
Dao wät he stille. Un packt met an,
Un helpt de Dannen iähre Dauden begrawen,
Un fäng an te laupen un fäng an te drawen,
Un tüht sik wiet in't Gebirge trügge,
Bräck ächter sick af de leste Brügge.

NIËWEL

Dat is de Niëwel griese-grao,
De sitt un spinnt, ik weet nich wao,
Un wiäwet Döker, Nette, Slaier
Un brött Schabellen uut Kuckucksaier,
Un schicket se äs Spook in't Land,
Un wenket un wieset met falske Hand,
Bes du up uopene Wiäge staihs
Un nich mäehr trügg un vüörwes wees;
Bes dat du rund in Kringe löpps,
Üm Haoresbredde in'n Grawen versüpps.

Un wann du gar an'n Kiärhoff kümps
Un häörs kin Mensken un sühs auk nüms,
Dann kloppt dat Hiärt, de Aom wät kuort,
Up eenmaol sühs du un häörs auk wat:
Dao gaiht in'n Schautfell van swatt Liär
De aolle siäl'ge Smett daohiär,
Häff Hamer un Tange in eene Hand,
In de annere en Isen, glainig brannt.
Un auk dien eegenen griesen Vaar, –
De Piep in'n Hals, en Guul vüör de Kaor –,
Diene Moder met 'ne Schüörte vull Appeln un Biärnen,
Un lutter mäehr Spöök, un du kaas di nich wiähren.

Dat is de Niëwel griese-grao.
O wäör doch eenmaol de Hiëmel wier blao!

Nachlasstexte in der Gedichtsausgabe von 1962

Aolle Hüser un aolle Baime,
Wat wecket se Beller un Draime!
Wat küent se mellen, wat küent se vertellen:
Van Wind un Wiär, van hän un hiär,
Van junk un aolt, van warm un kaolt,
Van arm un riek, van scheef un liek,
Van guétt un slächt, van Unrächt un Rächt,
Van Planten un Wassen, van Laiwen un Hassen,
Van Saien un Maihen, van Steene un Felsen,
Van Twiëweln un Truen, Daalrieten un Bauen,
Van suere Wiäge un Guoddes Siängen,
Van Nacht un Dag, van Blitz un Slag,
Van Liäwen un Striäwen, van Iärwen un Stiärwen.

No eene warme Nacht,
Dann staiht de Appel-, staiht de Biärnenbaum
In Blomenpracht.
Half liggt de Knoppen no in'n Draum.
De güllne Sunne maolt se witt un raut,
De lue Westwind waiht se di in'n Schaut:
Du staihs verwünnert un in stillen Huopen.
Un eenmaol in de Nacht
Dao föllt de Riep un föllt up witte Blomenpracht.
Stief staiht de Appel-, staiht de Biärnenbaum
Un lägg iähre Blomenkinner still in't Graff,
Begrafft met auk iährn söten Draum,
Begrafft auk dien Fröchten un dien Huopen.
Den gaßen Summer häörs du nu en Klingen
In all de Baime, de van'n Fuorst sint druoppen.
Se küent nich anners, müët't Klaogeleeder singen.
Wann süss dat Gräs no natt van Dau,
Dann kaim met Juchen un Hallo en Kinnertropp.
Se reeten wiet de hellen Augen up:
„Hier ligg en Appel, dao 'ne Biär sogar!"
Vüörbi all Blaihen un all Fraien,
Vüörbi all Huopen un all Möhen:
Riep in'n Mai!

ANHANG

Christine Koch vor dem Wohnhaus in Bracht

Nachwort zum „Lesebuch Christine Koch"

Mit freundlicher Genehmigung der Nyland-Stiftung und einigen Änderungen hier erneut dargeboten nach:
Christine Koch Lesebuch. Zusammengestellt und mit einem Nachwort von Peter Bürger. (= Nylands Kleine Westfälische Bibliothek, hg. im Auftrag der Nyland-Stiftung Köln, von Walter Gödden Bd. 65). Bielefeld: Aisthesis Verlag 2017, S. 153-165.

Ihr sei es erstmals gelungen, „dem sauerländischen Platt Gedichte von Rang abzugewinnen" – so urteilte Siegfried Kessemeier im Wibbelt-Jahrbuch 1991 über Christine Koch (1869-1951). Zu diesem Zeitpunkt stand Kessemeier, der Minimalist, dem Esloher Unternehmen einer mehrbändigen Werkausgabe[1] noch skeptisch gegenüber. Er hielt es hingegen für wünschenswert, über eine strenge Auswahl der Gedichte die „lyrische Potenz" Christine Kochs sichtbarer herauszustellen. Dieser Anregung folgt die Anlage des Frühjahr 2017 als Band 65 in ‚Nylands Kleiner Westfälischen Bibliothek' erschienenen – hier von Paul Baumann in eine münsterländische Mundart frei übertragenen – Lesebuches, in dem allerdings auch einige populäre Texte aufgenommen worden sind, die in formaler Hinsicht nicht zu den stärksten Dichtungen zählen.

---

[1] Im Folgenden werden die vier Bände der vom Museum Eslohe (www.museum-eslohe.de) herausgegebenen *Christine Koch*-Werkausgabe in Kurzform zitiert. W1: *Gedichte in sauerländischer Mundart* (1992); W2: *Erzählungen und andere Prosa in sauerländischer Mundart* (1994); W3: *Hochdeutsche Werke* (1991); W4: Biographischer Ergänzungsband *„Liäwensbauk – Erkundungen zu Leben und Werk"* (1993). Bearbeiter: Manfred Raffenberg (Bd. 1), Peter Bürger (Bd. 2-4) und Alfons Meschede.

Die Mundart des Sauerlandes wird vor allem wegen ihrer zahlreichen Mehrfachselbstlaute von ‚Niederdeutschen‘ aus anderen Regionen als widerborstig empfunden. Zudem gibt es in Christine Kochs Heimatlandschaft heute kaum noch jüngere Menschen, die Plattdeutsch verstehen. Es war also zwingend notwendig, den Mundarttexten im Christine Koch-Lesebuch hochdeutsche Übertragungen zur Seite zu stellen. Es handelt sich hierbei nicht um Nachdichtungen, sondern um möglichst wortgetreue Verständnishilfen. Die Verschiedenheit der sprachlichen Horizonte kann freilich nicht einfach übersprungen werden. Für die Zeitgenossen Christine Kochs war eine „Smiele" z.B. nicht nur einfach ein – blühender – Grashalm, sondern zugleich auch ein Spieß, mit dem etwa gesuchte Wilderdbeeren aufgereiht werden konnten. Die „Sunnenvuile" sind Schmetterlinge, aber die Plattdeutsch-Sprecher sehen den Schmetterling eben als einen Sonnen-vogel. Im Niederdeutschen gibt es für Lernen und Lehren das gleiche Verb „lehren". Doch dieser Sinn für einen dialogischen Zusammenhang, der nicht auseinandergerissen werden darf, geht beim Übersetzen verloren ... Bisweilen klingen in den Dichtungen – auf ironische, augenzwinkernde oder bittere Weise – allseits bekannte Redewendungen und Verse aus dem Leutegut an, die den heutigen Lesern nicht mehr vertraut sind.

Schon früh hat ein heimatideologischer „Kult" den Blick auf Leben und Werk Christine Kochs verzerrt. Zum 60. Geburtstag am 24. April 1929 bescheinigt Augustin Wibbelt der Dichterin nüchtern „ein echtes lyrisches Talent" und zeigt sich informiert über wirtschaftliche Bedrängnisse im Hause Koch. Hingegen stilisiert Maria Kahle zur gleichen Zeit die Gastwirtsfrau in Bracht zur Inkarnation einer mythischen Urahnin, durch deren Mund „Urlaute" wieder hervorquellen. Die Überhöhung zur „Mutter der Heimat" ist hier ins Spiel gebracht und wird sich erstaunlich lange halten. Der Mythos einer ‚Großen Mutter' hat jedoch mit dem an Widersprüchen reichen Lebensweg Christine Kochs genauso wenig zu tun wie das verbreitete Bild von der „schlichten Landfrau". Die überlieferten Konstruktionen und Projektionen im Dienste des heimatlichen (oder völkischen) Kollektivs fallen in sich zusammen, sobald wir uns dem leibhaftigen Menschen zuwenden.

Geboren wurde Christine Koch am 23.4.1869 im kleinen Dorf Herhagen als fünftes von sieben Kindern des Bauern Caspar Wüllner. Ihre Eltern gehörten keineswegs zum Kreis einer bildungsfernen Landbevölkerung. Die Mutter Louise stammte aus der Familie des Reister Lehrers und Organisten Johann Friedrich Nolte. Nach der Volksschulzeit in Reiste wurde Christine 1885-1887 an der kath. höheren Töchterschule in Duderstadt zur Lehrerin ausgebildet. Es folgten eine dreizehnjährige Tätigkeit an der Volksschule im sauerländischen Padberg und 1902 die Übernahme der Leitung einer kath. Mädchenschule in Vogelheim bei Essen-Borbeck. 1905 schied Christine Koch aufgrund anhaltender Lungenerkrankungen freiwillig aus dem Schuldienst aus. Am 3. Mai 1905 heiratete sie einen Vetter, den Land- und Gastwirt Wilhelm Koch (1873-1943) in Bracht bei Schmallenberg. Die Beziehung der beiden war lange heimlich geblieben und dann in der Verwandtschaft auf Widerspruch gestoßen. Das Paar bekam vier Kinder. (Im Juli 1935 wurde der einzige Sohn, der Bracht aus ungeklärtem Anlass über Nacht verlassen hatte, in der Nähe von Berlin tot aufgefunden.)

In den 1920er und frühen 1930er Jahren trafen existenzbedrohende wirtschaftliche Nöte die Eheleute, sodass ein Großteil der Besitzungen verkauft werden musste. Wilhelm Koch war es in jungen Jahren zugefallen, wider Neigung den elterlichen Hof zu übernehmen. Er hätte aber lieber wie seine Geschwister studiert. Mit ihm teilte Christine die ausgeübte Musikalität und eine intensive Beschäftigung mit dem Plattdeutschen. Im Dorf begegneten der ehemaligen Lehrerin manche Vorbehalte. Ihr Geigenspiel zu festlichen Anlässen und erste Veröffentlichungen trugen eher zur Isolierung bei. In Bracht meinten einige Bewohner, sie solle doch lieber die Schweine füttern als Gedichte zu schreiben.

Christine Koch musste, im sechsten Lebensjahrzehnt stehend, zum großen Schritt in die Öffentlichkeit von außen gedrängt werden. Die heimatbewegten Ambitionen des Ehemannes und offenbar auch entmutigende Belehrungen ihres Schwagers Franz Joseph Koch ließen bei ihr lange Zeit kein künstlerisches Selbstbewusstsein entstehen. Am Eschenschrank, einem Erbstück aus dem Herhagener Elternhaus, schrieb sie gleichwohl in freien Stunden hoch- und plattdeutsche Texte. – Das Gedicht *„Wille Räosen"* will Heinrich Luhmann bereits 1916 bei einem Besuch in Bracht gehört haben! – Die ersten gedruckten Arbeiten Christine Kochs erschienen in der Heimatzeitschrift „Deutschland" (1913), im „Sauerländischen Gebirgsboten" (1914), in zwei Anthologien Wilhelm Uhlmann-Bixterheides (1919/1921) und ab 1921 in der „Trutznachtigall" des Sauerländer Heimatbundes.[2] Die Schriftleitung des zuletzt genannten Periodikums ermutigte die Autorin, ihre Texte entgegen der Mitteilung des Ehemannes doch namentlich zu zeichnen. Der Neheimer Musikdirektor Georg Nellius wurde 1923 u.a. durch das Wiegenlied *„Hilleken, Stilleken"* auf die Brachter Wirtsfrau aufmerksam und bedrängte sie förmlich, ihm ihre Schubladen zu öffnen. Unterstützt von der Malerin Josefa Berens, ermöglichte er das Erscheinen der drei Hauptwerke in dem von ihm mitbegründeten Sauerländer Kunstverlag: zwei Mundartlyrikbände (Wille Räusen 1924, *Sunnenried* 1929) und ein plattdeutscher Prosaband (*Rund ümme'n Stimmstamm rümme ...*, 1927). Über hundert Dichtungen Christine Kochs, darunter die „erste plattdeut-

---

[2] Vgl. ergänzend zur Bibliographie in W1-W4 die Nachträge in: *Peter Bürger*: Im reypen Koren. Ein Nachschlagewerk zu Mundartautoren, Sprachzeugnissen und plattdeutschen Unternehmungen im Sauerland und in angrenzenden Gebieten. Eslohe: Museum 2010, S. 342-348; *daunlots nr. 2* (www.sauerlandmundart.de).

sche Messe Deutschlands", hat Nellius vertont. Josefa Berens, die 1925 ins benachbarte Gleiertal zog und für Christine eine enge Freundin wurde, steuerte zum Druck der Werke auch Illustrationen bei.

Die Erschließung hochdeutscher Einzelveröffentlichungen und Nachlasstexte im 3. Band der Esloher Werkausgabe ist vor allem für die Erforschung der Biographie von Bedeutung. Christine Koch hat Positionen der moderaten Frauenbewegung vertreten und unzweideutige Kritik am bäuerlichen Patriarchat formuliert. Als Beispiel sei die 1925 in der Essener Volkszeitung gedruckte Erzählung „Gottes Mühlen mahlen" (W3, S. 125-141) angeführt: Der in seiner „Männlichkeit" selbstherrliche Schulze Berkenhof weiß aus einer Schrift zu zitieren: „Frauen seien eigentlich minderwertige Geschöpfe, sie hätten überhaupt keine Seele." Seine feinfühlige, zunehmend einsamer werdende Gattin sehnt sich nach „Freiheit und Menschenrecht, nach Liebe und Verstandensein". Margit, die Tochter vom Berkenhof, bricht aus der Sprachlosigkeit des Elternhauses aus. Sie besucht ein Pensionat, in dem „in sich gekehrte Naturen aus sich heraustreten" und in dem „ein gegenseitiger Austausch stattfindet". Ebenso gewinnt sie ein neues, freundschaftliches Verhältnis zu ihrer Mutter. Als Lehrerin und Schriftstellerin möchte sie den Verstummten zur Sprache und den „zu Unrecht unterdrückten Frauen zu ihrem Recht" verhelfen.

In verschlüsselter Form schildert Christine Koch im ‚Stimmstamm'-Prosaband von 1927, wie ihre im Eschenschrank verwahrten plattdeutschen Manuskripte ans Licht kommen (W4, S. 70-74). Das entsprechende Kapitel „Bey Hanken Oihme" ist im ‚Nyland-Lesebuch' aufgenommen worden. Im Gefolge Joseph Papes (1831-1898), dessen Werk „Iut'm Siuerlanne" von 1878 freilich nicht genannt wird, unterbreitet Hankens Onkel – Christines ‚Alter Ego' – sein Plädoyer für eine ernsthafte Mundartdichtung des Sauerlandes: Plattdeutsche Überlieferungen und Schnurren verdienen keine Verachtung, aber die Sprache der Heimat ist keineswegs nur dazu da, den Hampelmann zu spielen und die Leute zum Lachen zu bringen. Christine Koch kann nicht einsehen, dass die plattdeutsche Literatur der Heimat keinen Anschluss finden soll an die ihr vertrauten hoch- und niederdeutschen Dichtungen. Der eigene programmatische Anspruch – Abschied von der allgegenwärtigen Humoreske – wird auch da eingelöst, wo sie in ihrer Mundartlyrik den „Ton des 19. Jahrhunderts" (S. Kessemeier) trifft.

Im ‚Stimmstamm'-Kapitel über „*Hanken Oihme*" begegnet uns die Anschauung, dass die Schweißarbeit, die hinter einem Gedicht steckt, besser verschwiegen wird. Im anderen Fall droht ein Verlust des Respektes vor dem Dichtertalent. Christine Koch folgt an vielen Stellen ihres Werkes einem romantischen Ansatz des absichtslosen ‚Liederfindens'. Manfred Raffenberg hat diesbezüglich schon im 1. Band der Esloher Werkausgabe auf die werkimmanenten Widersprüche aufmerksam gemacht (W1, S. 14-16 und 169-186). Im Text „*Gedichte-Maken*" (W1, S. 174) heißt es z.B.: „Seyd stille van Gedichte-Maken! / Et is en Undink. Gedichte sind wunderfeyne, / Sind liuter ferrege Saken / Un kummet op dik aan ase Fuierweyne, / As Vugelsank un häimlek Waterriusken ..." (Seid still vom Gedichte-Machen! / Es ist ein Unding. Gedichte sind wunderfeine, / Sind stets fertige Sachen / Und kommen auf dich zu wie Feuerwein, / Wie Vogelgesang und heimliches Wasserrauschen ...). Dagegen steht das Bekenntnis im Gedicht „*Kampf*" (W1, S. 179): „Ik ringe met dey, meyn siuerländsk Platt, / Op Liäwen un Däot, wäit nit, of et batt. / Ik saike an deynem häimleken Gold, / Dät liett verschutt unger knorregem Holt" (Ich ringe mit dir, mein sauerländisches Platt, / Auf Leben und Tod, weiß nicht, ob es hilft. / Ich suche nach deinem heimlichen Gold, / Das liegt verschüttet unter knorrigem Holz). Es ist schwer nachzuvollziehen, warum das ‚Liederfinden' – als Intuition oder ‚Offenbarung eines fertigen Gedichtes' – gegen ein schweißtreibendes ästhetisches Ringen ausgespielt werden sollte. Ein- und derselbe Dichter kann ja zuweilen ein beschenktes ‚Sonntagskind' sein und zu anderen Zeiten seinem literarischen Handwerk unter großen Nöten als Kulturarbeiter nachgehen.

Geographische Lage und politische Geschichte des Lebensraums, Religion bzw. Konfession, Wirtschaftsgefüge, Siedlungsformen und andere Faktoren mögen in einer Landschaft zur besonderen Ausprägung bestimmter Mentalitäten führen. Der kollektive, zumeist irgendwie genetisch gedachte ‚Landschaftscharakter' ist indessen ein leicht zu entzauberndes Konstrukt. Friedrich Wilhelm Grimme (1827-1887) stand der Wanderhandel des oberen Sauerlandes vor Augen, als er seinen Landsleuten Munterkeit, Aufgeschlossenheit und Freude an Kommunikation bescheinigte. Christine Koch folgte hingegen dem Klischee vom sturen Westfalen. Dem Sauerländer schrieb sie in besonderer Weise Dickköpfigkeit, Eigensinn und Wortkargheit zu (*Sankt Rafael harr' Urläof hat*). Zur lichten Kehrseite dieser Charakteristika gehören angeblich Ernst, treue Zuverlässigkeit und Konzentration auf das Wesentliche, außerdem eine verborgene Innenseite: „Wäik asse 'n Laiwesdräom" (weich wie ein Liebestraum). ‚Am rechten Platze hart', das ist als Auszeichnung von ‚Sauerlandsart' gedacht (*Siuerlandsart*). Doch die Gegenposition wird in der Mundartlyrik viel eindringlicher vorgetragen! Das heimatliche Kollektiv kreuzigt stille Einzelgänger, Gestrauchelte, Menschen, die in ihrem scheuen Frommsein von den Überfrommen nicht verstanden werden oder wirtschaftlich gescheitert sind (*Cruzifige*). Tilly Pöpperling zitiert die Dichterin so: „Man muß sie ja lieben, die Heimat und ihre Menschen darin, wenngleich sie der größten Mehrzahl nach sich beharrlich jenen verschließt, die ein wenig abseitige Wege gehen" (zit. W1, S. 74).

‚Alles wirkliche Leben', so meinte der Philosoph Martin Buber, sei Begegnung. In Christine Kochs „*Twiegespräk*" lassen die Liebenden „en feyn Verstohn van Säile te Säile" (ein feines Verstehen von Seele zu Seele) gehen. Doch ist diese beglückende Erfahrung keineswegs das Selbstverständliche. Der Schmerz zwischenmenschlicher ‚Vergegnung‘, das Leiden an der Sprachlosigkeit im Gefüge der Menschen und die Not des einsamen Unverstandenseins kommen in vielen Dichtungen zum Vorschein.[3] Zwischen Morgen- und Abendrot erfriert manch ein Herz; zwischen Abend- und Morgenrot waltet oft noch größere Not, die keiner dem anderen ansieht und von der nur Wände oder Mauersteine erzählen können (*Tüsker Muaren- un Owendräot*). ‚Es gibt ein Lachen, das tut so weh‘ – ‚und unter der Maske schreit die Not‘, heißt es im Gedicht *„Et giett en Lachen“*: ‚Wie wenig doch einer vom anderen weiß, wie selten ein Herz, das dich versteht [...], und fremd geht einer am andern vorbei‘. Von einem Lobpreis verschlossener ‚Heimatart‘ ist hier rein gar nichts mehr aufzuspüren. Solche Ansätze zu einem existentiellen Dichten haben später auch in der breiten plattdeutschen Schreibkultur des Sauerlandes wirkungsgeschichtliche Spuren hinterlassen.

Die Zweigesichtigkeit der Welt wird in Christine Kochs Werk nicht zugunsten einer heilen Idylle aufgelöst: ‚Und bei allem ist etwas ...‘ (*Wille Räosen*). Zur Magie der kleinen Welt gehören unbeschwertes Dorfleben, Kinderparadiese, gutes Behaustsein, vom Leutegut inspiriertes Liebeswerben und eine lustvolle Lebenskunst, die mit List allen Widrigkeiten zu trotzen weiß. Doch nur allzu vertraut ist Christine Koch mit einer schwermütigen – depressiven – Weise der Weltwahrnehmung (W4, S. 83). Dichten ist für sie eine Form der Lebensbewältigung. Das *„Hiärguattsschreywerlein“* bekennt: ‚Ich schreibe, weil ich schreiben muss. / Ich singe auch, wenn das Herz blutet.‘ Ein anderes Selbstzeugnis lautet: „Ich werde einfach dazu gezwungen, die Feder zu nehmen. Sonst komme ich vor Unruhe um“ (zit. W4, S. 79). Das ‚lyrische Ich‘ kann

---

[3] Vgl. *Peter Bürger*: „Klag deyne Näot ‘em Stäine“. Nichtverstehen und Sprachlosigkeit als Menschengeschick im Werk Christine Kochs. In: Esloher Museumsnachrichten 1994, S. 13-17.

dem „*Mühlrad*" als Gesprächspartner die geheimsten Gedanken verraten, etwas ‚ganz Schönes': „Äinmol kümmet de leßte Nacht. / Mühlrad, dann weert Fieerowend macht" (Einmal kommt die letzte Nacht, / Mühlrad, dann wird Feierabend gemacht). 1932 hielt es die Dichterin für notwendig, eine plattdeutsche Gegenthese zu dieser ungeschützten Selbstoffenbarung zu veröffentlichen: ‚Wasser darf nicht stille stehen, / Der Mensch muss immer vorwärts gehen ...' (*Water draff nit stille stohn*; vgl. W1, S. 138 und 218).

Christine Kochs Naturlyrik zeugt an vielen Stellen von einem ungebrochenen Schöpfungsglauben. Die Rauschebäume am Wege sind keineswegs stumm, sondern ‚können singen und dichten' (*Riuskeboime*). Die Welt, so scheint es, ist ein Raum des Zwiegesprächs und offenbart unaufhörlich neue Wunder. Doch auch diesem Lebensgefühl stellt sich eine Welt im Widerspruch entgegen. Die Natur zeigt ihre bedrohliche, zerstörerische Seite oder bietet sich an als ein Spiegel für menschliche Abgründe, die nach außen projiziert werden. Den Naturgesetzen ist das Schicksal des einzelnen Lebewesens völlig gleichgültig. Der kleine Hase wird vom Habicht zerhackt; die Wacholderbüsche regen sich darüber nicht auf, nur die ‚Wacholdernadeln singen / Wie ein verlassenes Kind' (*Wachollern*). Es kann sicher ausgeschlossen werden, dass Christine Koch in solchen Kontexten die sozialdarwinistischen Sichtweisen eines Hermann Löns[4] teilte. Sie litt auch an der Gewalttätigkeit des Menschen im Umgang mit der Natur und nahm hierbei die Perspektive von Pflanzen oder Tieren ein. Die vierbeinigen Waldbewohner drehen bei einer Treibjagd des Grafen den Spieß herum (*Jagd*). Die Wachtel singt dem höchsten Herrn ihre Psalmen, weil er alles so gut gefügt hat; doch unversehens kommen Männer mit Sensen und verwandeln ihre kleine Welt in einen Raum mit tausend Schrecken (*Wachtellaid*).

---

[4] Vgl. *Kai Köhler*: Galgenfrüchte im Wind. Vor 150 Jahren wurde der „Heidedichter" Hermann Löns geboren. In: junge Welt, 29.08.2016.

Bereits eine genaue Kenntnis der beiden Mundartlyrik-Bände (1924/1929), deren Textbestand im Rahmen einer verwickelten Editionsgeschichte bis 1962 nur unwesentlich erweitert worden ist, macht es unmöglich, Christine Kochs Hauptwerk dem Feld heimatideologischer Eindeutigkeiten (bzw. Einfältigkeiten) zuzuordnen. Die am Museum Eslohe ab 1987 betriebenen biographischen Forschungen sowie die Erschließung des noch greifbaren Nachlasses bieten heute eine Basis dafür, das geläufige Bild der „Sauerländischen Nachtigall" noch gründlicher zu ‚dekonstruieren'. Die um das Kulturgedächtnis der Heimatsprache hochverdienten Eheleute Koch waren mitnichten vorbildliche ‚Bewahrer des Plattdeutschen'. Ihre zwischen 1906 und 1912 geborenen vier Kinder wuchsen nur mit der Erstsprache Hochdeutsch auf, was in der Zeit vor dem ersten Weltkrieg am Ort noch keineswegs üblich war. Christine und Wilhelm Koch galten als erprobte Heimatpatrioten, doch ein 1929 veröffentlichter Text zeugt vom Leiden an der Enge der eigenen Lebenswelt: ‚Mit dem Wasser zu wandern / Von einem Land zum andern / Wäre Herzensbegehr. / Uns hält die Scholle, / Und Alltagsgerolle / Lässt keinen hindurch. [...] Unsere Welt ist zu klein' (*Unruihege Gäste*).

Die um 1929 entstandenen, in zwei sorgfältig bearbeiteten Nachlass-Zyklen erhaltenen „*Vagantenlaier*" wurden nebst anderen Versen, die von Freiheitsdrang und Sinn für Nonkonformismus zeugen, zu Lebzeiten nicht veröffentlicht. Die maßgeblichen Förderer der Dichterin waren stramm völkisch ausgerichtet. Sie wollten mit ihrer Editionsarbeit Christine Koch natürlich als bodenständige ‚Mutter der Heimat' präsentieren.[5] Die Helden der unterschlagenen ‚Vagantenlieder' sind aber Nichtsesshafte, Wandergesellen und Taugenichtse. Gerade aus diesem Kreis heraus kommen nun Mundartlieder

---

[5] Auch die plattdeutsche Erzählung „*Truie*" (1929), die mit gutem Recht als ein christliches Kontrastmodell zum völkischen Bauernroman gelesen werden kann, ist erst durch die Esloher Werkausgabe zugänglich geworden (W2, S. 75-116; W4, S. 88-89).

in die Welt: ‚Wie der Schnabel mir wuchs, / Lass ich Platt-
deutsch los, / Den kunterbunten Tross, / Der auf der *Land-
straße* wuchs. // Wunderlich heiß' ich, [...]. Mein Leben genieß'
ich, / Auf die ganze Welt pfeif' ich.' Das ist ein anderes
Konzept von ‚Heimatkunst'!

Zu den „Wertehaltungen"[6], die in Christine Kochs Mund-
artlyrik zum Tragen kommen, gehören eine Parteinahme für
Außenseiter sowie die Solidarität mit Schwachen und
Heimatlosen. Die dementsprechende christliche Praxis im
Haus der Eheleute Koch ist biographisch gut bezeugt (W4, S.
46-48). Die meisten Gedichte mit moralischer Anklage und
dem Aufruf zu tätiger Nächstenliebe fallen – auch wegen
ihrer eindeutigen Mission – schwach aus, sodass im Christine
Koch-Lesebuch der Nyland-Stiftung nur wenige Beispiele
berücksichtigt werden.[7] Dass in einzelnen Versen der Mund-
artlyrik gängige Klischees auftauchen – etwa die zerrissene
Kluft des ‚Fahrenden Volkes' oder das gebrochene Deutsch
beim Verkauf einer ‚Zigeunergeige' – ändert nichts an der
stets gleichbleibenden Grundaussage: ‚Sie tragen Gottes
Siegel / Als Schutz und Riegel, / Und alle haben sie Men-
schenrecht, / Die von der Straße' (*Dai van der Stroten*).

Das zur Zeit der Weimarer Republik in drei Büchern vor-
gelegte plattdeutsche Hauptwerk Christine Kochs kann
sachgerecht nicht als „völkisch" klassifiziert werden.[8] Die
Dichterin gehörte einem weithin nationalistisch aufgeladenen
katholischen Milieu an, wovon erstaunlicher Weise nur ein
‚allweg deutsches' Trinklied im ersten Lyrikband von 1924
eine Ahnung vermittelt (W1, S. 40). – Einen Rekurs auf soge-
nannte ‚Stammeseigentümlichkeiten' hätten im Übrigen auch

---

[6] Vgl. *Willy Knoppe*: ‚Un bey allem is wuat'. Orientierungssuche in einer re-
gionalen Sprachform. Eine literaturpädagogische Untersuchung zu den
Wertehaltungen in der niederdeutschen Lyrik von Christine Koch. Göttin-
gen 2005.
[7] Vgl. leicht zugänglich auf www.sauerlandmundart.de: daunlots nr. 72.
[8] Vgl. ausführlich zum Nachfolgenden auf www.sauerlandmundart.de:
daunlots nr. 59 (‚Nationalkonservative, militaristische und NS-freundliche
Dichtungen Christine Kochs 1920-1944').

viele ihrer linkskatholischen Zeitgenossen nicht unbedingt als anstößig empfunden. – Während des dritten Reiches kommt ein Auswahlband der Mundartlyrik (1938/1941) zum Druck. Die streng katholische Dichterin wird mit dem „Klaus Groth-Preis" (1939) und dem „Westfälischen Literaturpreis" (1944) geehrt. Ab 1945 gilt sie als Gegnerin des nationalsozialistischen Regimes, wofür nach Kriegsende schon eine unverbrüchliche, nie in Frage gestellte Treue zur römisch-katholischen Kirche als hinreichender Beleg gelten kann. Da – anders als bei den Förderern Georg Nellius und Josefa Berens – kein NSDAP-Parteibuch vorliegt und auch keine antisemitischen Voten nachweisbar sind, behält diese Sichtweise für lange Zeit Plausibilität.

Sie lässt sich indessen nach neuen Quellenerschließungen und Forschungen schon seit einem Vierteljahrhundert nicht mehr aufrechterhalten (W4): Über einen maßgeblich von Georg Nellius initiierten Künstlerkreis hat der völkische Flügel der sauerländischen Heimatbewegung ab 1929 seine Lobbyarbeit verstärkt.[9] In den letzten Jahren der Weimarer Republik weisen auch Texte von Christine Koch, die dem Künstlerkreis angehört, eine sehr aggressive völkische Färbung auf. „Machtergreifung", „Gleichschaltung" und „Neue Zeit" hat die Dichterin zumindest so lange – ohne Vorbehalte und mit Begeisterung – begrüßt, bis die Kirchenfeindlichkeit der deutschen Faschisten nicht mehr geleugnet werden konnte.[10] Doch auch in den nachfolgenden Jahren leistet sie Beiträge zur Kriegspropaganda. In zwei hochdeutschen Gedichten aus dem „Schreibblock 1938-1940" kommt diese erneute literarische Umschaltung zur Sprache: „Eine neue

---

[9] Vgl. auf www.sauerlandmundart.de: daunlots nr. 60, nr. 69, nr. 70, nr. 71.
[10] Die bisherigen Textdokumentationen werden durch einen neuen Quellenfund an Deutlichkeit noch übertroffen, da die Dichterin hier in einem leidenschaftlichen Gleichschaltungs-Votum u.a. den ‚Voreltern' in einem Atemzug ‚Gottesglauben und einen Hass gegen alles Volksfremde' zuschreibt: *Christine Koch*: Sauerländischer Prolog, gesprochen zum Sauerländer Heimattag in Menden [Mundartgedicht]. In: Ruhrwellen 11. Jg. (1934), Jahrgangsausgabe Nr. 1. [Stadtarchiv Arnsberg]

Lyrik wird erstehen ..." (W3, S. 83). Die passende Überschrift für die Jahre 1933-1944 lautet nicht „Widerstand" oder „Unangepasstheit", sondern: „Kollaboration". – Noch immer ist das lokale Geschichtsgedächtnis verzerrt: Aus dem zweiten Gasthaus in Christine Kochs Wohnort Bracht stammte der katholische Journalist Franz Geuecke (1887-1942), der als Regimegegner im Konzentrationslager Groß-Rosen ums Leben gekommen ist.[11] Bis heute gibt es in seiner Heimatkommune nicht das geringste Anzeichen eines öffentlichen Gedenkens.

Grundlegend für Heimatkonstruktionen des ‚kurkölnischen Sauerlandes' im frühen 20. Jahrhundert waren Bezugnahmen auf die katholische Kirchlichkeit, die plattdeutsche Alltagssprache und die in der Breite bäuerlich geprägte Wirtschaftsweise. Alle drei Bezugspunkte sind heute nicht mehr oder nur noch als Randphänomene gegeben. Neben dem literarischen Genuss könnte eine Rezeption der Werke Christine Kochs aus der Weimarer Zeit noch immer lohnend sein auch für die Behandlung der ‚Heimatfrage', sofern die in diesem Nachwort skizzierten Widersprüche nicht unter den Tisch fallen und die leitende Überschrift ‚Heimatsuche' *jedes* Mitglied der einen menschlichen Familie auf dem Erdkreis einschließt.

Ideologische Konstruktionen von Selbstlob-Kollektiven und sogenanntem ‚Heimatbesitz' haben selten etwas mit dem Leben leibhaftiger Menschen zu tun. Sie erschließen niemandem eine glaubwürdige Heimat, sondern bedienen die Hetze der neuen und alten Rechten. Deshalb folgt aus einer Erkundung der Widersprüche im Überlieferten heute ein Einspruch gegen das inflationäre und fast immer inhaltsleere ‚Gerede von regionaler Identität'.

p.b.

---

[11] Vgl. zu ihm *Peter Bürger* (Hg.): Sauerländische Friedensboten. (= Friedensarbeiter, Antifaschisten und Märtyrer des kurkölnischen Sauerlandes – Erster Band). Norderstedt 2016, S. 181-212.

Quellnachweise
zur Auswahl aus
Christine Kochs Lyrik

Die Auswahl und Reihenfolge der von Paul Baumann in Münsterländische Mundart übertragenen Gedichte entspricht folgendem Lesebuch, das auch hochdeutsche Übertragungen (Verstehenshilfen) zu allen Texten enthält:

Christine Koch Lesebuch. Zusammengestellt und mit einem Nachwort von Peter Bürger. (= Nylands Kleine Westfälische Bibliothek, hg. im Auftrag der Nyland-Stiftung Köln, von Walter Gödden, Band 65). Bielefeld: Aisthesis Verlag 2017.

S. 11-16:
EINZELVERÖFFENTLICHUNGEN ZUR MUNDARTLYRIK (1921/1923)
Jagd, nach einer Handschrift in: Christine Koch - *Werke Band I.* Eslohe 1992 (mit weniger drastischen Schlussversen zuerst in: *Das plattdeutsche Westfalen.* Hg. W. Uhlmann-Bixterheide. Dortmund 1921). – *Twiegespräk,* zuerst in: *Trutznachtigall* Nr. 3/1923. – *Waigenlaid,* zuerst in: *Trutznachtigall* Nr. 5/1923.

S. 17-44:
AUS „WILLE RÄOSEN" (1924)
Von *Taum Ingank* bis *Verswendunk,* zuerst in: Christine Koch, *Wille Räusen.* Neheim 1924.

S. 45-48:
AUS „RUND ÜMME'N STIMMSTAMM RÜMME ..." (1927)
Gedichte, zuerst im Prosaband: Christine Koch, *Rund ümme'n Stimmstamm rümme...* Neheim 1927.

S. 49-80:
AUS „SUNNENRIED" (1929)
Von *Siuerlandsart* bis *Kingerland op Sunnenried,* zuerst in: Christine Koch, *Sunnenried.* Neheim 1929.

S. 81-88:
„VAGANTENLAIER" / VAGANTENLEEDER (UM 1929)
Vagantenlaier und *Dai van der Stroten,* zuerst in: Christine Koch - *Werke Band I.* Eslohe 1992.

S. 89-94:
FÜNF GEDICHTE DER JAHRE 1930-1941
Dät Liäwensbauk, zuerst in: *Heimwacht* Nr. 5/1930. – *Swicksteertken,* Handschrift: Bracht Winter 1931 (Originial ULB Münster). – *Water draff nit stille stohn* (o.T.), zuerst in: *Heimwacht* Nr. 5/1932. – *Wachtellaid,* zuerst in: *WLZ Rote Erde* vom 22.9.1935 (Sonderseiten „Sauerländer Heimattag 1935"). – *Eger de Sunne te Berre gäiht,* zuerst in: Kalender „*Der Sauerländer"* für 1942.

S. 95-98:
AUS EINER UNDATIERTEN HANDSCHRIFTENSAMMLUNG
Von *Mairiänen* bis *Niewwel* (Handschriften im Museum Eslohe), in: *Sauerländische Mundart-Anthologie Band V.* Norderstedt 2016.

S. 99-100:
NACHLASSTEXTE IN DER GEDICHTSAUSGABE VON 1962
Alle Huiser un alle Boime und *Reyp im Mai* (Nachlass-Handschriften), zuerst in: Christine Koch, *Wille Räousen.* Iserlohn 1962.

Detail aus dem Denkmal für „Pluggen Hiärm":
Hermann Plugge (1859-1929) war ein Grevener Original.
(Aufnahme: J.-H. Janßen, Wikimedia.org)

Über den münsterländischen Übersetzer Paul Baumann

Paul Baumann, Mitglied der Augustin Wibbelt-Gesellschaft und Herausgeber zahlreicher Bücher in münsterländischer Mundart, wurde am 18. März 1944 in Greven geboren und besuchte dort 1950-1958 die Volksschule. Eine dreijährige Lehrzeit am Ort bei der Firma Albert Schweifel schloss P. Baumann 1961 mit der Gesellenprüfung zum Elektromonteur ab. Bis 2009 war er als Elektriker, Monteur und Handwerksmeister tätig.[12] Paul Baumann ist Vater von zwei Töchtern.

Seit den 1970er Jahren entwickelte sich bei ihm ein zunehmend stärkeres Interesse an der plattdeutschen Sprache. Aus kontinuierlichen Ankäufen von Büchern entstand eine beachtliche private Mundartbibliothek. Eigene plattdeutsche Texte erscheinen u.a. im Jahrbuch „Unser Kreis Steinfurt".

Seit dem Ausscheiden aus dem Erwerbsleben verwirklicht Paul Baumann Buchprojekte mit regionalen Sprachzeugnissen (die meisten Veröffentlichungen bislang unter dem Pseudonym Gerhard Schütte).

Zur „plattdeutschen Bibliographie" der von ihm herausgegebenen Werke gehören folgende Titel (detaillierte Nachweise im Internet: www.niederdeutsche-literatur.de): Vetäll-

---

[12] 1961-1964: Fernmeldehandwerker bei der Deutschen Bundespost; 1964-1967: Elektromonteur in Baden Baden; 1967-1968: Grundausbildung und Tätigkeit als Fernsprechmechaniker bei der Bundeswehr; 1969-1976: Betriebselektriker bei einer Firma in Südafrika; 1976-1980: Handwerker bei einer Firma in Münster-Wolbeck; 1980-1984: Auslandsmonteur eines Düsseldorfer Industriebetriebs; 1984-1985: Ausbildung zum Elektroinstallateur-Meister in Oldenburg und anschließend erneute Anstellung in Münster-Wolbeck; 1988-2009: tätig im Außendienst für eine Maschinenfabrik (alle Angaben nach Mitteilungen von Paul Baumann).

sels und Riemsels uut Olt Graiwen (2008); 1000 Jaore Plattdüütsk (2008, neu 2013); Ne Muul vull Platt (2009, neu 2015); Rund üm dän Martinikiärktaon (2009); Twiärs düör'n Gaorn (2010); Mönsterlänsk Sammelsurium (2011); Schnurrige Geschichten in plattdeutschen Gedichten (4. Ausgabe, 2013); Geschichten un Gedichte in Mönsterlannsk Platt (2. Auflage, 2013); Plattdeutsches Liederbuch (2013); Plattdütske Rieme (2014); Plattdeutsche Kriegsgedichte aus Westfalen 1914-1918 (2016); Een bunten Blomenstruuk (2017).

Neben diesen Neu-Editionen und Sammlungen sind aus der Bücherwerkstatt von Paul Baumann auch folgende Übertragungen in die münsterländische Mundart hervorgegangen: De Psalmen (2010); Dat Nie Testament, üöwersett't in mönsterlänsk Platt (2015); Till Ulenspaigel – 50 Vetälsels up Mönsterlänsk Platt (2011); Mönkhusen (2016).

Zur eigenen Sprachbiographie teilt Paul Baumann mit: „Die Eltern sprachen [untereinander] grundsätzlich nur Platt. Meine Mutter wurde 1901 in Nordwalde geboren, unweit Greven. Die Familie zog kurz darauf nach Greven, da der Großvater eine Arbeit in den Fabriken bekam. Mein Vater wurde zwar in Gelsenkirchen geboren, kam aber als junger Knecht zu den hiesigen Bauern und lernte dort das Platt. […] Es lässt sich denken, dass die Bauern im Regelfalle nicht Hochdeutsch sprechen konnten und auch nicht wollten. So verhielt es sich auch in meiner Familie. Den Generationen, so darf ich es ruhig behaupten, stand der Mund nicht zum Hochdeutschen. – An meinen Vater habe ich nicht mehr die meisten Erinnerungen, […] glaube [aber] zu wissen, dass man meinem Vater nicht die Position einräumte, die er hätte haben sollen. Da war noch der Großvater mutterseits im Hause. Diese Generation hatte in dieser Zeit noch immer das Heft in der Hand. Das Wenige, was mein Vater mit uns gesprochen hat, war nach meiner Erinnerung mehr in Hochdeutsch. […] Die Gespräche innerhalb der Familie, Verwandtschaft liefen natürlich nur in Platt ab. Die Leute waren ja alle um die Jahrhundertwende geboren. […] Die Kinder mussten für sich bleiben und hatten nichts zu suchen bei den Gesprächen der Alten. – Greven hatte ja eine ganze Reihe von Textilfabriken und war ein sehr aufstrebender Ort […]. Meine Mutter arbeitete ebenfalls in einer der Fabriken. Von ihr weiß ich, dass die Besitzer, wie auch die Chefs, alle mit den Untergebenen Platt sprachen. Das schaffte Verbindung. Hochdeutsch war ja in den Bauerschaften noch lange Fremdsprache, und viele Kinder mussten in den Schulen erst mühsam Hochdeutsch lernen.

[P.B.: *Sprachen in eurer Familie die Kinder ihrerseits mit den Eltern im Alltag Platt: als übliche, vorrangige Sprache?*] Nein, wir Kinder sprachen mit den Eltern kein Platt. Meine Mutter dagegen sprach mit uns nur die Muttersprache. Meine ältere Schwester regte sich wohl manchmal auf und sagte zu meiner Mutter, sie solle doch hochdeutsch sprechen. Da kam sie aber an die verkehrte Stelle. Meine Mutter sagte dann: ‚Wenn du't nich vüörstaohn kanns, dann gaoh der vüör liggen.' – Man betrachte: ‚vüörstaohn' und ‚vüör liggen'. – Aber dann war das Gespräch meistens beendet. [P.B.: *War das münsterländische Platt am Ort zu deiner Kinder-/Jugendzeit noch die vorherrschende Sprechsprache - also auch auf der Straße, auf dem Kirchplatz, auf dem Schulhof usw.?*] Die Kinder sprachen, soweit mir bekannt ist, in den 1950er Jahren wohl nicht mehr Platt mit den Eltern. Das konnte in den Bauerschaften wohl noch eine Weile angehalten habe. Aber im Dorf Greven selbst war das wohl nicht der Fall. […] Aber die älteren Generationen, die einheimischen Bewohner, sprachen in den 1950er, 1960er Jahren und bis in die 1970er Jahre noch sehr viel Platt. – Nein, die vorherrschende Sprache war Hochdeutsch. Ich könnte mich auch nicht daran erinnern, dass die Kinder noch bei irgendeiner Gelegenheit Platt gesprochen haben. Die Sprache war ja in den Elternhäusern durchweg verpönt, und die Kinder sollten es auch nicht lernen, selbst wenn die Eltern noch

Platt untereinander sprachen. Man betrachtete die Sprache als Hindernis […] auf dem Wege zu einer [‚höheren'] Bildung."[13]

Paul Baumanns frühe Lebensjahre fallen also bereits in eine Zeit des Sprechsprachen-Wechsels am Geburtsort. Ein solcher sprachbiographischer Hintergrund ist nicht untypisch für Männer und Frauen in Westfalen, die sich in den letzten Jahrzehnten für ein plattdeutsches Kulturgedächtnis engagiert haben.

P. Bürger

---

[13] Gekürzt; aus einen Antwort-Mail von Paul Baumann auf Fragen von Peter Bürger, 27.05.2018. [Die Bezugsfragen und alle anderen Zusätze in eckigen Klammern sind nachträglich eingefügt worden, P.B.]

Der münsterländische Übersetzer:
Paul Baumann, Greven

Wörterverzeichnis
Plattdeutsch (Münsterländisch) – Hochdeutsch

adlicke – adlige
afsiets – abseits
Ährn – Ehren
aigelt – äugelt
Aigeskes – Äugelein
aigt – äugelt
akraot – genau
al – schon
ansaihnlick – ansehnlich
aoltmöödske – altmodische
Arbaitskiel – Arbeitskittel
Askedag – Aschermittwoch
babarsk – heftig; gewaltig
begrafft – begraben
Bellen – Fetzen
Besmoder – Großmutter
Biäddelbüül – Bettelsack
Biäkensapp – Birkensaft
Bickbiärn – Heidelbeeren
Biëke – Bach
biëwerige – zitternde
biëwert – zittert
blänkert – blinkern, glitzern
Blar – Blätter
bleiket – bleicht
bleikt – gebleicht
bliëkere – bellte
Bloomen – Blüten; Blumen
Bloomenrüëk – Blumenduft
blött – blutet
Böcken – Buchen
Braom – Ginster
brött – brütet
Brüde – Bräute

Brüüm – Bräutigam
Buerngüëde – Bauerngüter
Bummelanten – Bummler, Nichtstuer
Bünsel – Bündel
Bünselken – Bündelchen
buorssen – geborsten
buten – außen, außerhalb
Daal – Tal
daalrieten – niederreißen
dapper – tapfer
dauf – taub
Daupiädeln – Tauperlen
Demanten – Diamanten
Diëke – Decke
Diëkels – Deckel
Diogenes – Griechischer Philosoph
Dissel – Distel
dräpp – trifft
drieste – sicher; unbekümmert, bedenkenkenlos
drüge – trocken
Drüöpken – Tröpfchen
dücht – dünkt
Düppe – Kanne
faorts – sofort
Fastaomdleed – Fastnachtslied
Fell – Haut; Fell
fiärwet – färbt
Flaitepiepen – Flötenpfeifen aus Weidenholz
Folle – Falte
follet – faltet

fraist – frieren
friewen – reiben
Fröchten – Fürchten
früß – friert
füerraut – feuerrot
futt – fort
Fuust – Faust
Gaorntuun – Gartenzaun
gau – schnell
Gebläff – Geblaffe
Gefack – Gefach
genait – genieße
giën – drüben, hinten
glaihet – glühen
glämmet – glimmert (glänzend, leuchtend)
Glämmwüörmkes – Glühwürmchen
gliedt – gleiten
glitt – gleitet
gnese – grinste
gnesen – grinsen
grao – grau
green – weinte
Grendels – Riegel, Querhölzer an Türen
Griëp – Griff
griese – graue
Guëd – Gut
Hafk – Habicht
Haipiärdken – Heupferdchen
halfverschüddte – halbverschüttete
Hängel – Henkel
Häringsstiärt – Heringsschwanz
heem – heim
heemlick – heimlich
Henne – Fluss im Suerland (nahe Christine Kochs Geburtsort Herhagen)
Hiëge – Hecke

Hiëgen – Hecken
Hinners – Hinderungen
Hitt' – Hitze
Höden – Hüten
Hollenspook – Hollen (Fabelwesen); Hollenspuk
Holt – Halt; Holz; Wald
hölten – hölzern
hööd't – hütet
Hüer – Heuer
huohl – hohl
iäm – eben, kurz
iärstan – zuerst
Iëdelbloot – Edelblut
Iëdelsteen – Edelstein
ielig – eilig
Iestappen – Eiszapfen
Immen – Bienen
Immengesumm – Bienengesumm
Inlaot – Einlass
Juchen – Jauchzen
Kacheluom – Kachelofen
Kaih – Kühe
Kaor – Karre
Kaornsmiär – Wagenschmiere
Kauten – Gliedmaße, Körperglieder
Kawels – Käfer
kawummig – kraftvoll
Kiärmess – Kirchmesse (Kirchweihfest, Kirmes)
Kiëdels – Kessel
Kiepe – Tragkorb
Kiern – Ketten
Kiernrüens – Kettenhunde
Kinnerschool – Kinderschule, Kindergarten
Kinnertropp – Kinderschar
Klaibiärg – Lehmberg
klaiet – klettert
Klaower – Klee

klemmt – klimmt
kliëft – klebt
Klümpken – Kandiszucker, Würfelzucker
Kniëwel – Knebel
Köppken – Tässchen
Kraih – Krähe
Krakeel – Lärm, Geschrei, Radau
krämpet – krampft, verkrampft
Krüllen – Locken
Kruut – Kraut (Sauerkraut)
Kumpelmente – Komplimente
Küssens – Kissen
kuum – kaum
Lenne – Fluss
Lewinge – Lerchen
Liär – Leder
Liëpelken – Löffelchen
lierig – leer
Lind – Linnen
lindlue – lindlaue
lück – etwas
lue – laue
luert – lauert
Luken – hier für: Augenbrauen
Lump – Hundename
Lüning – Spatz
Lustern – Lauschen
lutter – lauter
Maide – Mühe
maihet – mäht
Maikawel – Maikäfer
mannichmaol – manchmal; oft, zuweilen
mannige – manche
Maohn – Mohn
Menskenanlaot – Menschengesicht; Antlitz
Minneweh – Menuett
Möerken – Mütterchen

Möhen – Mühen
Müëhlendiek – Mühlenteich
Müersteen – Mauerstein
nachens – nachts
naiht uut – flüchtet
niëgenkloke – neunmalkluge(r)
niepen – genau
Niëweldook – Nebeltuch
nömmet – nennt
nüms – niemand
nüörns – nirgends
Olldagshoot – Alltagshut
Öwers – Ufer
pickswatte – pechschwarze
pielup – senkrecht, gerade
pluset – zerzausen
Praohlers – Angeber
praot – bereit, parat
Pülleken – Fläschchen
pusseerlick – possierlich, niedlich, drollig
quinkeleern – quinkelieren
Rabatten – Beete
rainewägg – ganz, völlig
raor – selten
Rausengloot – Rosenglut
Rausenknoppen – Rosenknospen
Riep – Rauhreif
riepet – reift
Röst – Ruhe, Rast
Röstdag – Ruhetag
Rüëken – Hündchen
rümet – räumt
Ruten – Fensterscheiben
Rüüskebaime – Rauschebäume
Rüüskemeer – Rauschemeer
rüüsket – rauscht
Schabellen – Fratzen
Schäölken – Schälchen
Schapp – Schrank
Schättken – Schätzchen

Schauf Strauh – Bund Stroh
Schaut – Schoß
Schautfell – Schurzfell
schawet – schaben
schewe – schiefe
schrumpelig – runzelig
schruppet – schrubben
Schuëkel – Schaukel
Schüörte – Schürze
Seiße – Sense
Siede – Seide
siege – niedrig
Slacksnee – Schlackschnee
Slaier – Schleier
slaiprig – schläfrig
Slääpken – Schläfchen
slau – schlau
sliek – schleiche
Slott – Schloss
Slüëdelbund – Schlüsselbund
slufken – schlurfen
Smett – Schmied
Snückelken – Schnuckelchen,
schnuckelige Person (auch
Kosewort)
spaigelt – spiegelt
Spierken – Hälmchen; Kleinig-
keit / *kin Spierken* – kein
bisschen
Spöök – Gespenster, Geister,
Spuk
Spook – Spuk
Staot – Staat, Pracht
steenaolt – steinalt
steenern – steinern
Stiärn – Stellen, Orte
Stiëgen – Steigen, Stiegen
striäwen – streben
struëkelt – strauchelt
Strüße – Sträuße
Suerlandiärsse – Sauerlandart

süht – sieht
Süme – Säume
Sunnenried – Sonnenried; ein
sonniger Ort (konkret auch ein
Rückzugsort der Dichterin)
Summervüëgel – Schmetterlinge
süniger – maßvoller, sparsamer
Swattdäörnhiëgen – Schwarz-
dornhecken
Swiäwebahn – Schwebebahn
swiäwet – schwebt
Swiëp – Peitsche
tahlt – zahlt
Taum – Zaum
Tiähn – Zähne
tinnen – zinnern
titeleert – tituliert
trächt – zurecht
Tratt – Tritt
Treff – Hundename
Tropp – Tropf, armseliger,
einfältiger Mensch
Trü – Treue
truen – trauen, heiraten
Trüütken – Gertrüdchen
Tüëgel – Zügel
Tüëgelken – Zügelchen
tüht – zieht
Tüne – Zäune
Tupper – Tupfer
tuusken – tauschen
Twärn – Zwirn
twiärs – quer, querköpfig
Twiegespräök – Zwiegespräch
Twiëwel – Zweifel
ümhiëget – umhegt
Unkengeklunke – Hiermit sind
wohl die als traurig empfun-
denen Rufe der Unke gemeint,
die bei manchem geheimnis-
volle Schauer erwecken.

Uom – Ofen
Uombank – Ofenbank
üöwereen – überein
Üöwerflaut – Überfluss
Up ter Bracht – Flur-/Ortsname
Vaar – Vater
verdraihtlick – verdrießlich
verflaiget – verfliegen
vergrellt – erzürnt
verhett – verhieß
verkwättken – verschwenden,
vertun (s. verschwenderisch)
Verlauf – Urlaub
verstännig – verständig,
vernünftig
versüpps – ersäufst

vüörneihm – vornehm
vüörwes – vorwärts
Wacholler – Wacholder
Wäertschupp – Wirtschaft
wahne – sehr
wältert – wälzt
Waterruusken – Wasserrauschen
Wellen – Quellen
wet't – wetzt
wiältenfärn – weltenfern
Wiärkeldag – Werktag
wiest – zeigt
Wilewale – Wachtel
Wippstiärtken – Bachstelzchen
Wolkensaime – Wolkensäume
woss – wuchs

Register mit den ursprünglichen Titeln der Mundartgedichte Christine Kochs

Vorangestellt sind in diesem alphabetisch geordneten Register die ursprünglichen ,sauerländischen Titel' in der Schreibweise der Esloher Werkausgabe; nachgestellt sind die Titel der Münsterländischen Übertragungen von Paul Baumann und die entsprechenden Seitenangaben zur hier vorgelegten Sammlung.

Christine Koch Lesebuch

Zusammengestellt und mit einem Nachwort
von Peter Bürger.
(= Nylands Kleine Westfälische Bibliothek Bd. 65,
hg. im Auftrag der Nyland-Stiftung Köln von Walter Gödden).
Bielefeld: Aisthesis Verlag 2017
(Paperback; 167 Seiten; 8,50 Euro; ISBN 978-3-8498-1239-3)

In dieser Ausgabe sind den sauerländischen Mundarttexten
durchgehend hochdeutsche Übersetzungen beigefügt.
Der Band kann überall im Buchhandel bestellt werden.

* * *

Christine Koch-Werke

Die Esloher Werkausgabe besteht aus vier Bänden:

W1: Gedichte in sauerländischer Mundart (1992)
W2: Erzählungen und andere Prosa in sauerländischer Mundart (1994)
W3: Hochdeutsche Werke (1991)
W4: Biographischer Ergänzungsband
„Liäwensbauk – Erkundungen zu Leben und Werk" (1993).

Alle vier Bände können über das
Dampf Land Leute-MUSEUM ESLOHE bezogen werden
(www.museum-eslohe.de).